論語脳と算盤脳

なぜ渋沢栄一は道徳と経済を両立できたのか

都立駒込病院脳神経外科部長
篠浦伸禎

かざひの文庫

はじめに

渋沢栄一の強くてしなやかな精神を知ることは幸せに長生きするための大きな道しるべになる

私にとって本を書くということは、現役の医者という仕事と並行してやっているため、いわゆる作家が本を書く時の動機とはやや異なる面があります。

作家であれば、本の主題である人や事象に興味を抱き、この本のテーマは渋沢栄一なので、渋沢栄一の人生に関して時代背景や生い立ちも含めて詳細に記述し、なぜ彼がそのような人生を送ったのか、その背後にある本質を自分独自の視点で解析したいというのがあるでしょう。

若い頃に渋沢栄一に関する本を読み、非常に感銘を受けたので、私としても当然そのような彼に関する知的好奇心があり、それが彼に関する本を書きたいと思うひとつの動機になります。

しかしそれと共に、もうひとつの動機としては、医者という仕事をやっている以上、本を読んでいただくことにより医療にプラスになる、つまり患者さんの病気の改善や、健常人の病気の予防につながる可能性があると信じて書いている面もあります。

ではそれも含めて、なぜ渋沢栄一に関しての本を書きたいと思ったのかの動機を、少しご説明したいと思います。

渋沢栄一は生涯で五〇〇くらいの企業と六〇〇くらいの公共・社会事業の設立に関わり、いまだに多くの企業、団体が現存しています。このような、我々からしたらありえないような奇跡を彼が起こしたことをみると、その根底にある精神とそれに基づきどう行動したのかをぜひとも学びたいということになります。

そして医者からみて非常に興味深いのは、彼は九十一歳に亡くなるまで生涯現役で、幕末から明治、大正、昭和という激動の時代の中で、ずっと激務をこなしたことです。

しかし彼の人生をたどると、特に食事や運動や睡眠に気を付けたようにはみえません。この理由は、もちろん生来頑健なこともあるでしょうが、時代の転換とともに周囲の状況が激変するなかで、何度も追いこまれながらも決して精神的にぶれることなく誠実に生きてきたことが、長寿でなおかつ生涯現役であったことにつながっていると感じています。

彼の生き方の根底にある、周囲の状況にも左右されない強くてしなやかな精神を知ることは、彼の時代ほどではありませんが、別の意味でストレスの多い時代に生きる我々にとって、幸せに長生きするための大きな道しるべになると私は考えています。

特に彼は、西洋的な「お金の世界」と、東洋的な「誠実に生きる世界」を見事に両立させており、現代に生きる我々にとっても決して古いと感じさせない、むしろ現代に生きている我々が彼の生き方を目指すことで幸せになるであろうという骨太の生き方を感じさせます。

そして、彼の生き方は、日本のみならず、世界的にも普遍性があります。その証拠に、著名な経済学者のドラッガーが、渋沢栄一と同じ時代の大金持ちであるロックフェラー、カーネギー、モルガンよりも渋沢栄一の業績のほうが優れているとのべています。

ドラッガーによると、経営の本質は社会的責任であり、それを見事に実践してきた渋沢栄一の右に出る経営者はいないと激賞したことからも、渋沢栄一のレベルは世界基準であるといえると思います。実際、渋沢栄一は米国でも非常に人気があり、ノーベル平和賞候補に二度なったこともありました。

では、現代に生きる我々が、時代背景も全く違う渋沢栄一の生き方からどのようにすれば有効に学び、健康で幸せに生きることができるでしょうか。私はそれに関して、彼の脳の使い方を解析し、学ぶことが非常に有用だと考えています。

現在、脳科学は急速に進歩しており、それと私の脳外科医としての経験、特に患者さんが起きたままで手術を行う「覚醒下手術」での知見を合わせて、脳機能と生き方の関係に関して私は数多くの本を執筆してきました。さらにそれをもとにして、それぞれの人がどのような脳の使い方をしているかを解析するテスト（以下「脳テスト」）をつくり、企業人を含め多くの人に脳テストを受けていただきました。それとカウンセリングを組み合わせると、たとえばうつ状態の人が、薬では全く治らなかった症状が改善したといった実績を上げてきました。

つまり、それぞれの人が自分の脳の使い方を知り、それを基に脳の使い方を改善することが、病気を乗り越えて幸せに生きていくために非常に有用であるということです。もちろん渋沢栄一に脳テストを受けてもらうわけにはいきませんが、彼の人生における様々なエピソードから脳の使い方を推測することは充分に可能です。

私は、歴史上の多くの偉人に関しても脳の使い方を解析してきましたが、私が推測する偉人の脳の使い方と、その人のたどった人生の結末が非常に関係することを実感しています。そういう手法で、なぜ渋沢栄一が社会にこれほど多大な貢献をし、幸せな人生を送ることができたのかを考察したいと思います。渋沢栄一と我々の脳の使い方を比較することで、我々がどのように脳の使い方を改善すれば、たとえ激動の時代でも健康で幸せに生きていけるのかのヒントを得ることができるでしょう。

私がこの数年間、脳テストをやって非常に心配しているのは、多くの特に若い人たちの脳の使い方が描く、その結果としてストレスに弱くなり、それがうつなどの精神疾患やひきこもりにつながっているということです。

そのような、残念ながらストレスを乗り越えるような脳の使い方を周囲から教えてもらわずに成長してきた若者が、自分の脳の使い方と渋沢栄一の脳の使い方を比較し改善することで、少しでもストレスに強くなり、これから幸せに生きていくための大きなヒントになるのではないかと感じています。

昔の若者は（少なくも戦前までは）、偉人伝を読むことで感動し、自分も少しでも近づこうと発奮して生きることで、ストレスを乗り越えてきました。今は偉人の生き方に脳科学のメスを入れることで、若者にとっても、どう生きればいいのかよりわかりやすくすることができます。特に渋沢栄一の生き方は、幕末の志士の中で珍しく西洋文明にも通暁しており、つまり、より現代人に近く、多くの参考とするところがあると私は感じています。それは若者だけにとどまりません。今回の新型コロナウィルスの騒動をみてもわかるとおり、あらゆる世代にとって人生の一寸先は闇ということを痛感します。私のような、ある程度生き方が固まり安定しているようにみえる世代にとっても、大きな厄災がいつ降りかかってくるかわからないのです。

何歳になっても、ストレスを乗り越える生き方を勉強し、改善することを怠ってはなりません。それが、渋沢栄一のように、年をとっても最後まで幸せに生きていくことにつながるでしょう。

そういう意味でも、私は今生きるすべての世代の人にとって、この本がなんらかのお役に立てるのではないかと願っています。

もくじ

二章　徳川慶喜に仕えて明治維新を迎える激動の青年時代

三章　官から民に移り数多くの事業を立ち上げる壮年から老年時代

序章　脳について

（論語）

学びて時に之《これ》を習う。亦説《またよろこ》ばしからずや。

（出典）学而第一（一）

（訳）

学問を一所懸命勉強し、身に付けたことを時に応じて実践し、それが世の中に役立った時、学んだ喜びを感じる。これこそが人生の喜びではないか。

脳の働きを知れば生き方が変わる

私が「はじめに」でのべましたように、私の関わってきた学問は、実践して世の中の役に立つことを究極の目標にしてきました。この章の扉ページの論語の言葉のように、実践して世の中の役に立った時が人生で一番喜びを感じた瞬間といっていいかもしれません。私が過去に出版してきた脳機能に関する本も、単なる脳科学の知識ではなく、困っている人を救うという目標で書いてきました。そして、それを基にした脳テストやカウンセリングが、困っている人に役立つ場面がだいぶ出てきて、やっとここまで来たかという喜びと、さらにこれからもっと世の中に役立てたいという奮い立つ気持ちがあります。

この本の主題である渋沢栄一の脳の使い方について話を始めるまえに、まずは、私が自分の臨床経験や脳科学の知識を基に、脳機能をどう整理すれば我々の生き方に生かせるのかという視点でまとめたことを、以下にのべたいと思います。

○左脳と右脳の異なる働き

左脳と右脳には、ある意味真逆といってもいい機能が入っています。かいつまんでいいますと、左脳には言語に関する機能が入っていて、右脳には言語以外の機能、たとえば自分の周囲の空間に対応する機能が主に入っています。

左脳が扱う「言語」は、我々が生きる上でどういう役割があるのでしょうか。言葉は、現実の一部を切り取って、それを言葉という形で万人にわかるようにして、物事を明確にする働きがあります。そうしないと情報が多くの人に広がっていきません。言葉化した情報を多くの人が共有することで、人間の技術は進歩してきました。

しかし、進歩するということは、いい面と悪い面があります。進歩している技術を、弱者が救われる方向にもっていけばいいのですが、競争や戦いに勝つためだけに技術を使うと、弱者が逆に増えるという悪い面があります。貧富の差がどんどん拡大している今の欧米を含めた世界の現状をみれば、それも左脳のなせるわざといっていいでしょう。

言葉を自在にあやつり論理を重んじている人たちが多くいる欧米などの先進国は、歴史的にみてそのような人たちが率いている国になります。そして、その左脳の力をベースにして、アジア、アフリカ、中南米のそうでない国々を植民地化してきました。つまり、欧米のような左脳主体の人たちは、歴史的にみて攻撃性が強いといってもいいでしょう。

これはおそらく、左脳の中にある情動や記憶を司っている扁桃体が、ストレスで攻撃的になりやすいのが大きな要因だと私は考えています。言葉というのは、論理が発達すればするほど、自分の信じているものが正義であり、それに反するものは敵だという二元論になりやすいのです。

一方、右脳は、今の瞬間に、周囲にある現実そのものに対応しています。左脳は言葉で現実の一部を切り取り、明確にさせる脳だとのべました。つまり、現実の一部に境界を作り、他のものと分けていく脳といってもいいでしょう。

実際、左脳が自分と他人との境界をつくり、違う個体であると認識させています。それからみると、右脳の機能は真逆といっていいでしょう。右脳が主体になると、周囲のものとの境界がなくなっていきます。左脳が二元論とすると、右脳は一元論になります。

右脳は宇宙全体をひとつとみて、自分はその一部であると感じさせる脳です。右脳が活性化すると、周囲と調和して孤独感がなくなるので、本当の幸福感にもつながります。これに関して詳細にのべているのが、脳科学者のジル・ボルト・テイラーです。

彼女は一九九六年十二月十日、脳出血により左脳に障害を受けました。その時に彼女が感じたことを彼女の著書『奇跡の脳』から抜粋します。

いつものおしゃべりのかわりに、あたり一面の平穏な幸福感に包まれているような感じ。（中略）高度な認知能力と過去の人生から切り離されたことによって、意識は悟りの感覚、あるいは宇宙と融合して『ひとつになる』ところまで高まっていきました。（中略）体が、固体ではなくて液体であるような感じ。まわりの空間や空気の流れに溶けこんでしまい、もう体と他のものの区別がつかない。（中略）脳の主な機能が右側にシフトしたことによって、私は、他人が感じることに感情移入するようになっていました。話す言葉は理解できませんが、話す人の顔の表情や身振りから多くのことを読み取ることができたのです。エネルギーの動きがわたしに与える影響については、特に注意を払いました。エネルギーを与えてくれる人がいるかと思えば、エネルギーを吸い取る人もいることに気付いたのです。

量子力学によると、すべてのものは粒子と波動でできているといいます。波動が物の本質であり、それを観察した瞬間に粒子になるのです。左脳が障害を受け右脳が主体になったテイラー氏の話は、左脳が粒子（固体）に対応しており、右脳が波動（エネルギー）に対応していることを感じさせます。このことは三章と四章でも触れたいと思います。

右脳が幸福感に関わっているのを証明した佐藤弥氏の学術論文もあります（二〇一五年、『サイエンティフィック・リポーツ』に掲載）。それによると、より強く幸福を感じる人は、右脳の楔前部《けつぜんぶ》（頭頂葉の内側面にある部位）の体積が大きいと報告されています。さらに、ポジティブな感情を強く感じ、ネガティブな感情を弱く感じ、人生の意味を見出しやすい人は、やはりこの部位が大きいとのことです。

右脳が幸福感を生みだすということは、どうすれば幸せに生きることができるのかを考える時、それを達成するための本質的な鍵になります。幸せに生きるには、右脳を活性化することが大事なのです。

実は今世界で起こっている問題のひとつは、テイラー氏も指摘し、私も過去の拙著『戦争好きな左脳アメリカ人、平和好きな右脳日本人』や『脳から見た日本精神』でも詳しく書きましたが、左脳が主体になりすぎて右脳が弱っていることにあります。

一例をあげます。少しまえに農水省の元事務次官が息子を殺した事件がありました。彼はエリートで大金持ちであり、人もうらやむような家庭でした。では、まわりからは完璧

左脳　言語、論理、時間の流れ、「質」「進歩」に関わる。人や物の境界をつくり物事をはっきりさせる。戦いに関わる。
左脳が障害→失語症。

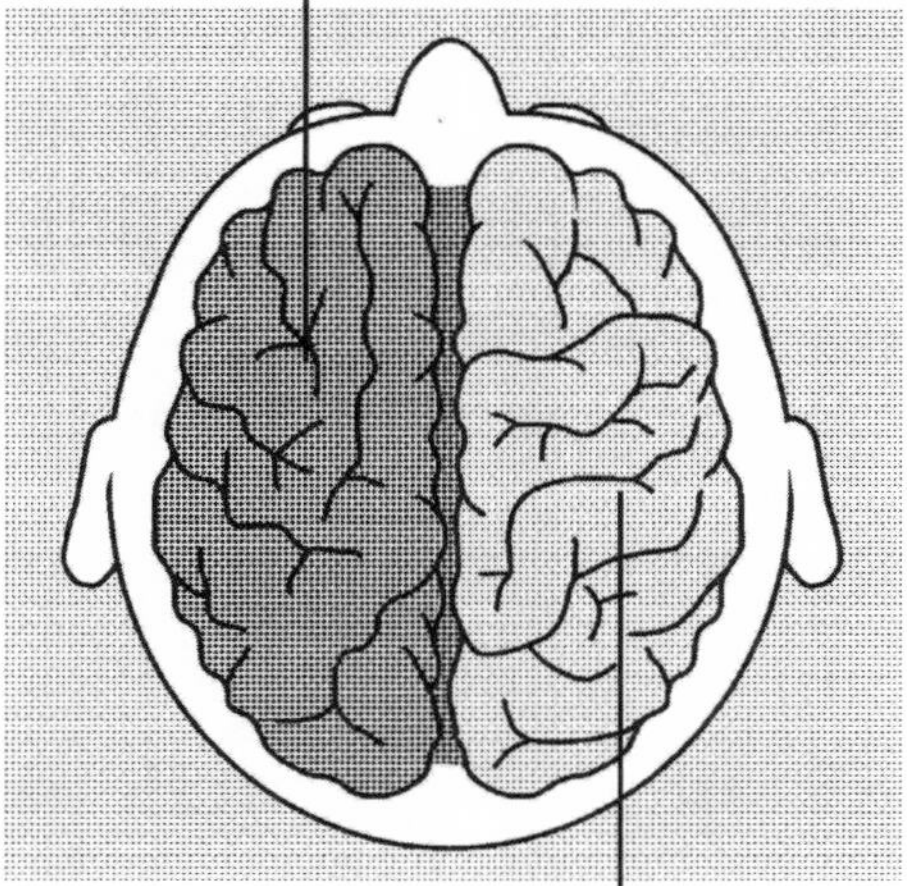

右脳
今ある空間、美、現在を扱い、「量（エネルギー）」「調和」に関わる。境界をなくし、一体化する。幸福感あり。
右脳が障害→注意力が落ちる。

にみえる家庭で、なぜあんな悲惨な事件が起きたのでしょうか。

私が脳から事件を詳細に解析したところ、理由ははっきりしています。この問題の本質は、両親とも脳の使い方が左脳主体だということです。左脳は数字にこだわるため、息子の評価の基準は成績のみになります。成績が悪いと、両親とも左脳なので息子は逃げ道がなくなり、自分の存在価値がないように感じます。そして、息子も両親から左脳を刺激されるので攻撃的になり、ストレスを感じると家庭内で暴力をふるうことになります。

息子は発達障害とのことですが、今、日本のみならず世界的に発達障害が増えた原因は、両親とも左脳主体であることがひとつの原因であると私は考えています。このことは長年、発達障害児の改善指導に取り組んでいる鈴木昭平氏との共著『発達障害を改善するメカニズムがわかった!』でも触れました。

私は左脳が主体になりすぎて右脳が弱って様々な問題を引き起こしているのを「左脳・右脳問題」といっています。これが、家庭教育のみならず、仕事、医療などあらゆる分野で問題を引き起こしているといっても過言ではありません。それを乗り越えるための生き方が、渋沢栄一の『論語と算盤』になります。それに関しては、この次の章以降で、彼の人生を振り返って、具体的にのべたいと思います。

○「扁桃体」「報酬系」対「帯状回」「小脳」「視床下部」

左脳や右脳は、大脳新皮質という、脳のどちらかというと外側の部位の機能になり、その人の個性にあたるといってもいいでしょう。一方、脳の内側にある部位は、生きていく上で非常に重要な役割を果たしています。その中で、扁桃体、報酬系と、帯状回、小脳、視床下部との関係が、生き方に大いに関わっています。

まず、扁桃体と報酬系がどのような機能をもっているのかについてのべます。私がこの二十年近く行ってきた「覚醒下手術」（患者さんに麻酔を打って眠らせずに、意識がある状態で行う手術）でわかったことは、側頭葉の内側にある扁桃体の機能が、いかに脳を使って生きていく上で重要であるかということです。

たとえば、覚醒下手術で脳腫瘍を摘出中に、左の扁桃体に近づいただけで突然怒鳴りだしたりして、患者さんが攻撃的になることがあります。一方、右の扁桃体に近づくと、眠くなったりして、患者さんは逃避的になります。これは、脳科学においても様々な報告があるのですが、ストレスがあると左の扁桃体は攻撃的になり、右の扁桃体は逃避的になるようなのです。

つまり、ストレスとは自分にとって不快な敵といってもいいでしょうが、それに対して戦うか逃げるかの反応を即座に起こすために、扁桃体が大きな役割を果たしているのです。この反応は、神経伝達物質でいうとノルアドレナリンが関わっているようです。

一方、報酬系は、神経伝達物質でいうとドーパミン、つまり快楽に関わるところです。お酒やセックス、ドラッグに溺れるのは、報酬系が関わっています。

つまり、報酬系と扁桃体は、ひとことでいうと、好き嫌いに関わっています。味方だと好き（報酬系）になるし、敵だと嫌い（扁桃体）になるわけです。そして、好き嫌いに関わる扁桃体や報酬系の生きていく上での問題点は、刹那的、衝動的であることです。それらがストレスで刺激されると、強烈なエネルギーは出ますが、後先を全く考えず、短絡的な行動に走りがちです。自分の目先の保身や快楽しか考えていないため、長い目でみると、どこかで必ずトラブルに結びつきます。

最近、企業などで、不祥事があってもそれを隠ぺいして大きな社会問題に結びつくことが多々あります。これは、自分の保身を考える扁桃体がなせるわざです。清潔なイメージのあるタレントが、不倫やドラッグに走ってタレント生命を絶たれることも最近よくあります。これは報酬系がなせるわざになります。

先ほど、今の世の中に起こっている問題に関わるひとつの大きな原因が「左脳・右脳問題」であるとのべました。そして、もうひとつの大きな原因が、「扁桃体・報酬系問題」といってもいいでしょう。

では、扁桃体・報酬系問題をうまく解決して、長い人生を幸せに生きていくには、どの脳の部位が働く必要があるのでしょうか。扁桃体・報酬系をコントロールして、長期的な視点で脳全体を働かせようとするのが、帯状回、小脳、視床下部になります。

最初に、帯状回についてのべます。これは、大脳辺縁系と大脳新皮質の境目にあります。大脳辺縁系は、脳の真ん中にあって自分を守るためにある部位であり、先ほどのべた扁桃体・報酬系も含まれます。

現在、社会的に問題となっているアルツハイマー病は、最初に帯状回の後ろの部位の血流が落ちます。そこは、自分をモニターしている、つまり自分がいつどこで何をしているのかの情報を常時集めているのです。アルツハイマー病になりこの部位の機能が落ちると、自分がどこにいるのか、今何時なのか、何をしていたのかがわからなくなります。

また、帯状回の前の部位は、扁桃体・報酬系が衝動的に行動しようとするのをコントロールして、欲望や安易な方向に流されずに、社会的に役立つことをやる気を出して行う部位になります。つまり、社会の中で立派に生きていくには、帯状回が大きな役割を果たしています。

次いで、小脳についてのべます。小脳も、扁桃体・報酬系をコントロールするのに大きな役割を果たしています。意外なことに、日常生活のほとんどは、大脳ではなく小脳が主体でやっています。最初に何か新しいことをする時には大脳が関わるのですが、しばらくして慣れてくると、すべて小脳がとってかわって働きます。

小脳は大脳より小さいのですが、実は細胞数は小脳のほうが断然多く、運動だけではなく、考え方や情動に関する型が入っているといわれています。この小脳に入っている、現実に適切に対応する型を使うことで、扁桃体・報酬系の強い情動から逃れることができます。禅寺の修行で、毎日同じ掃除や炊事を、型どおり繰り返し行うことが精神の安定につながるのは、小脳を使うからです。小脳を主体で使うことで、扁桃体・報酬系の影響下にある、快不快のような強い情動に関わる回路から離れることが可能になるからです。小脳主体の行動は無意識で行うので、情動が関わらなくなるのです。

最後に、視床下部についてのべます。視床下部は、自律神経、ホルモンの中枢であり、ホメオスタシスという、身体に異常があれば元の健全な状態に戻そうとする機能をもつ、脳の中でも非常に重要な部位です。

そして、私が覚醒下手術をした経験から実感したことがあります。この部位が他の部位と大きく違うのは、手術でほんのちょっと押すだけで患者さんの意識がなくなり、圧迫をとるとすぐに意識が回復するのです。

視床下部は意識の中枢といわれていますが、この私の経験から判断しますと、脳の意識を保っているのは視床下部から出る神経伝達物質ではなく、視床下部からの波動であると考えざるをえないと私は思っています。

実は脳の機能は、神経伝達物質のみで働いているだけではなく、電磁波のような波動でも働いていることが最近わかってきています。おそらく人間の意識は、視床下部から脳全体に対して、覚醒させる波動を及ぼすことで保っており、手術でちょっと押すことで視床下部から出るその波動が乱れるために瞬時に意識が落ち、圧迫を解除するとすぐに意識が戻ると考えるほうが、その現象を説明するには自然だと思うのです。

意識に関わるのみならず、視床下部は、ストレスがあるとそれに対応してホルモンを出したり、自律神経を調節する大元の部位ですから、人間がストレスを乗り越えて生きていくのに一番大事な部位になります。幸福感に関わるエンドルフィンや、愛情に関わるオキシトシンも視床下部から分泌されるわけですから、人間がストレスを乗り越え、幸せに生きるために中心的な役割を果たすのは、視床下部といってもいいでしょう。

そういう意味で、これは私の仮説ですが、電磁波つまり波動の中心的な役割を果たす視床下部に魂が入っていると私は推測しています。ストレスを乗り越え魂をみがくということは、視床下部のもつ、いい波動のエネルギーを上げる、いい状態に戻すことと同じことではないかと私は考えています。

今までのべてきた扁桃体、報酬系と、帯状回、小脳、視床下部の関係を、もう一度整理します。扁桃体、報酬系は、好き嫌い、快不快と関わっており、瞬間的にものすごいエネルギーが出ますが、衝動的で短絡的な見方しかできません。それをコントロールするのが、帯状回、小脳、視床下部であり、その中で帯状回は、扁桃体・報酬系の衝動に振り回されないように、ある意味父親的な、衝動を我慢したり（前部）、冷静に自分をモニターする（後部）ことで、小脳はその衝動に振り回されないように、現実という教師から教えられた行動、考え方、情動の型をもつことで、視床下部はその衝動に振り回されないように、ある意味母親的な愛情や幸福感をもつことで、扁桃体・報酬系をコントロールします。

これを家族でたとえると、いやなことがあるとすぐに切れる息子（扁桃体）や勉強もせずにゲームばかりやっている娘（報酬系）を、まじめに仕事をする父親（帯状回）やちゃんとした生き方を教える家庭教師（小脳）や優しい母親（視床下部）たちが、生き方を教え導いているのが、これらの部位の関係性といってもいいでしょう。

帯状回、小脳、視床下部がしっかりと働くと、扁桃体、報酬系の短絡的なエネルギーが、むしろ長期的にみてプラスに転化します。怒り、恐れや目先の欲望などの強い情動のエネルギーが、脳全体の機能をマイナスに落とすのではなく、そのエネルギーを利用して、社会をよくする方向に脳全体の機能を働かせるわけです。渋沢栄一の人生はまさしく、そのような人生であったといっても過言ではありません。

○大脳新皮質の４タイプ

世の中には、様々な性格をもった人がいます。その人がどういう性格をもっているのかは、ある状況に対しどういう反応をするかでわかるわけですが、これはその人のもつ脳の使い方の癖といっても過言ではありません。それぞれの人が、様々な状況に応じて反応する、その人特有の脳の回路をもっているのです。

そこで、先ほど解説した左脳右脳を、さらに脳の上下で分けて、脳の使い方を4タイプにわけると、それぞれの人特有の脳の使い方が整理しやすくなります。

これに関しては、多くの本で書いてきており、またそれを基に脳テストをつくり、実際カウンセリングなどで使っているところです。脳の4タイプに関して、以下にかいつまんでのべたいと思います。

脳は様々な情報を処理する器官ともいえますが、どのような情報を扱い、それをどう処理するのかは部位により違いがあります。通常社会に出て仕事をしだすと、学生時代に比べて、脳は格段に多くの情報を扱わなければならなくなります。

このように、社会に出ると脳が扱う情報量がどんどん増えることに関して、「次元」という見方を入れると、脳の使い方がより整理されます。たとえば、視覚情報は主に右脳が扱いますが、まず目で見た情報は神経線維で後ろに運ばれ、後頭葉に入ります。後頭葉は見たままの情報が入る部位なので、「一次元」の脳の使い方と定義します。

これらの視覚情報を組み合わせて、脳の下方を通って前方に運び、たとえば友人や肉親のような、ある特定の対象の詳しい情報を、側頭葉の内側に蓄積します。特に扁桃体は、好き嫌いのような情動も、その情報につけて記憶されます。たとえば家族や友人に対しては、どうしても好き嫌いの感情が入りますが、これらの感情と相手の詳しい姿形とが合わさって扁桃体に入ります。これは「二次元」の脳の使い方になります。

なぜ好き嫌いがその情報に付加されるかといえば、それはおそらく自分の保身のためです。動物であれば、敵味方を瞬時に区別しないと、命に関わります。敵であれば嫌いだし、味方であれば好きという感情に当然なります。好き嫌いまで入れた相手の詳しい情報を記憶することが、動物としての自分の保身につながるわけです。


二次元は家庭や学校や田舎などの比較的狭い社会で扱う情報になります。狭い社会で生きる分にはそれでいいのですが、大人になり町に出て仕事に従事するようになると、多くの人間や情報に接するようになるので、優先順位をつけて大事なものから情報処理をしなければ、とても情報を整理することはできません。

優先順位をつけるには、情報全体を上から俯瞰して選別する脳の使い方が必要になります。これが「三次元」の脳の使い方になり、脳の前や上にある前頭葉や頭頂葉が関わります。人間が社会をつくるための脳の使い方といってもいいでしょう。

私の臨床経験によりますと、同じ脳の場所がやられても、それで人格全体が崩壊したようになる人もいれば、その部位の症状は出ますが、人格があまり変わらない人もいます。この違いを説明するには、ふだんからよく使っている脳の部位に偏りがあり、ふだんからよく使っている部位がやられると、人格が崩壊したようになるし、あまり使っていない部位がやられると、人格に影響を与えないと考えざるをえません。そのふだんからよく使っている脳の部位が、いわゆる性格を形成している本体なのでしょう。

私は、左脳、右脳と二次元、三次元を組み合わせた4タイプでみると、人の性格、つまり脳の使い方の癖がわかりやすいと考え、それを脳テストにまとめました。

一次元に関しては、外から入ったそのままの情報で特に加工をしていないので、タイプには入れておりません。たとえば、視覚情報がそのまま後頭葉にいくことを一次元と定義しましたが、もちろん視力により差はあるでしょうが、外の景色そのままの情報なので、あまり個人差はありません。

二次元、三次元になると情報を加工しているので、どうしても個人差があり、それが性格の差につながります。では4つの脳タイプを簡単に説明します。

『左脳三次元』は、物事を俯瞰してみて、その本質を追究します。合理性を重んじるタイプです。システムを作ったり、物事を論理立てて言葉にするのが得意な脳の使い方になります。『左脳二次元』は、焦点を絞って、物事を深く掘り下げます。物事の原理を重んじるタイプです。ひとつのことを深く探求したり、単調なことでも飽きずに楽しむのが得意な脳の使い方になります。『右脳三次元』は、エネルギッシュに活動して、どんどん活動範囲を広げていきます。拡張していくことを重んじるタイプです。幅広い人間関係を築いたり、新しいことに挑戦するのが得意な脳の使い方になります。『右脳二次元』は、相手のことを中心に考え、気配りするのが上手です。情を重んじるタイプです。深い人間関係を築いたり、相手の立場に立った行動をとるのが得意な脳の使い方になります。

34ページの表は、我々の使っている脳テストのダイジェスト版です。点数の高い脳の使い方が、自分の脳タイプに当たります。もちろん人により、この4タイプの脳の使い方はひとつのみならず様々な組み合わせがあり、濃淡があります。この脳の4タイプも、人生の生き方に大きく関わっていきます。

では次章より、渋沢栄一の生き方を脳の使い方からみていきますが、脳の使い方に関しても適宜触れます。

●脳の4分類

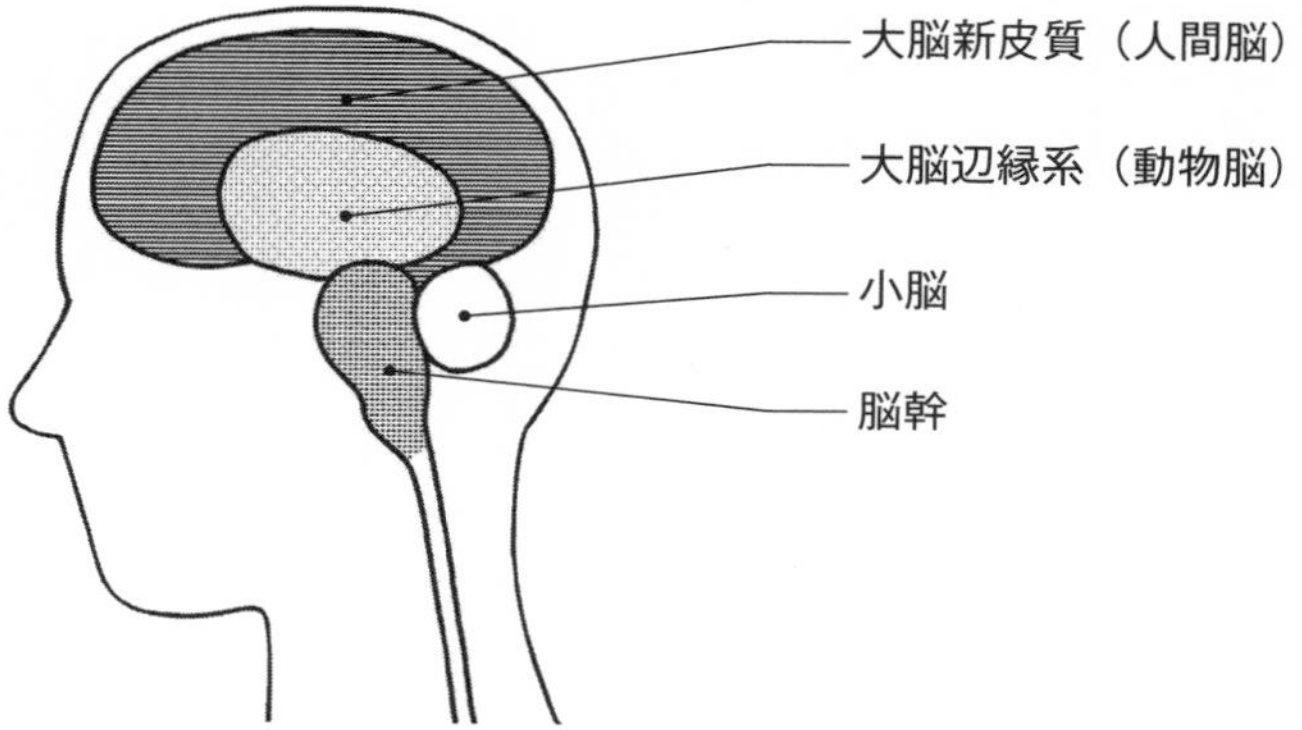
大脳新皮質（人間脳）
大脳辺縁系（動物脳）
小脳
脳幹

●大脳新皮質

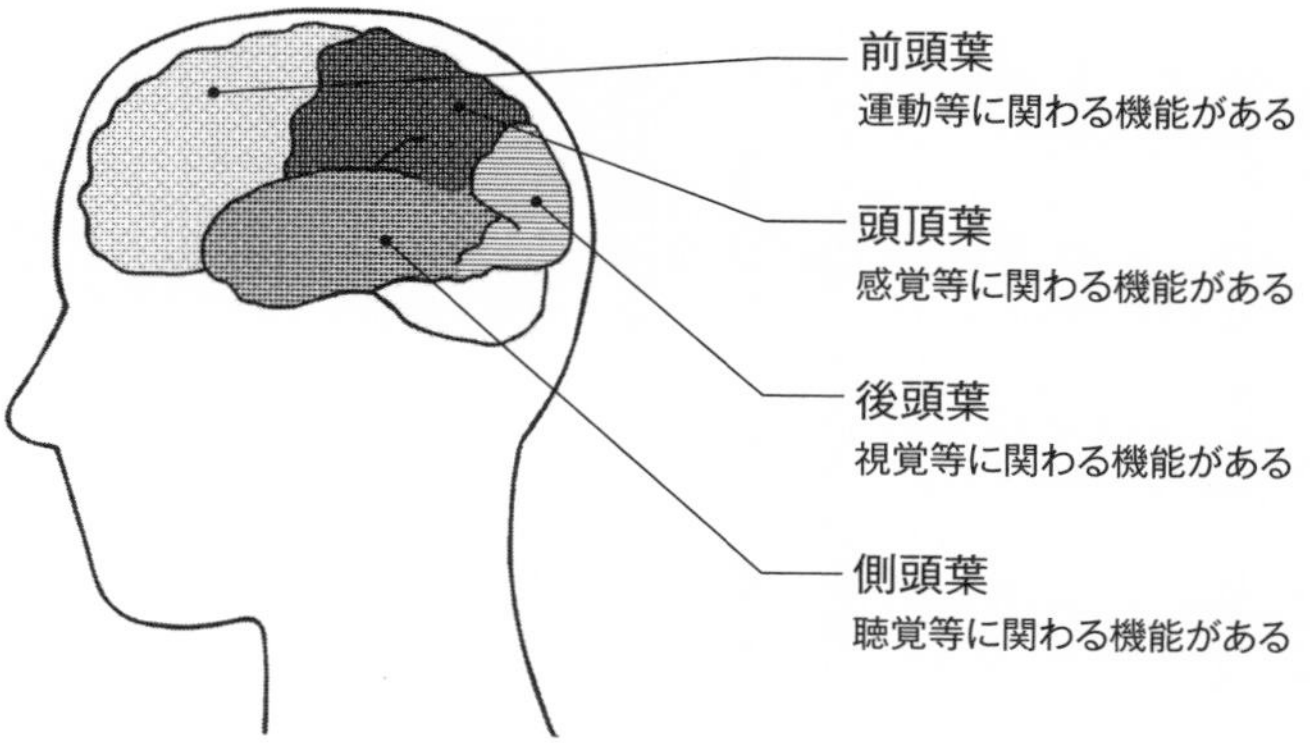
前頭葉
運動等に関わる機能がある
頭頂葉
感覚等に関わる機能がある
後頭葉
視覚等に関わる機能がある
側頭葉
聴覚等に関わる機能がある

●大脳辺縁系

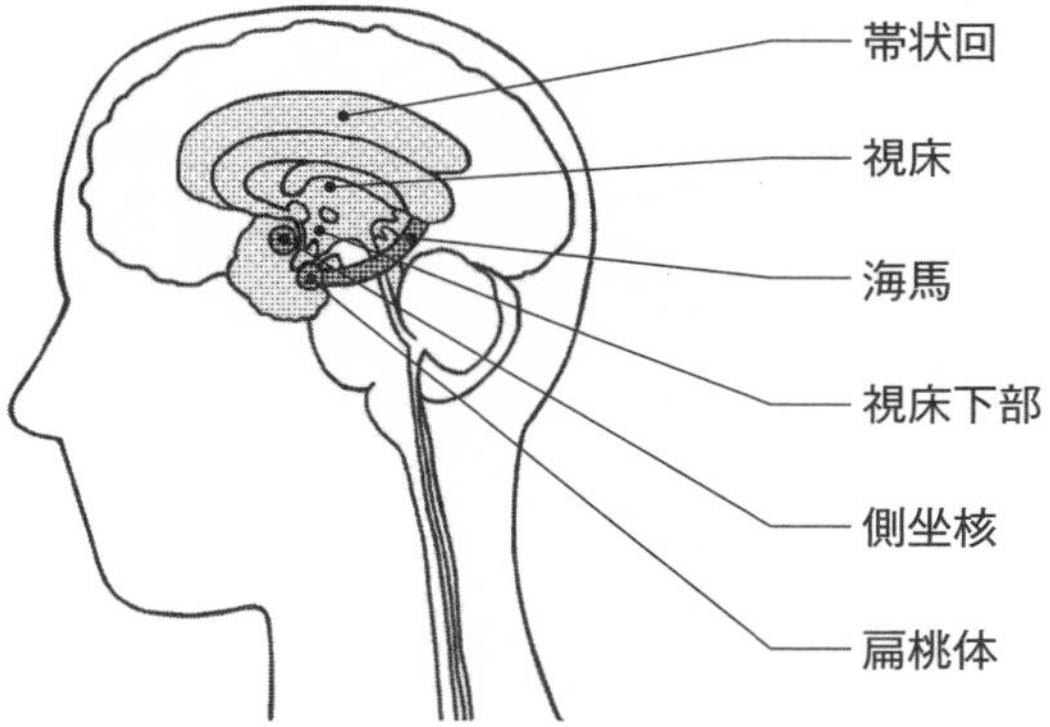
帯状回
視床
海馬
視床下部
側坐核
扁桃体

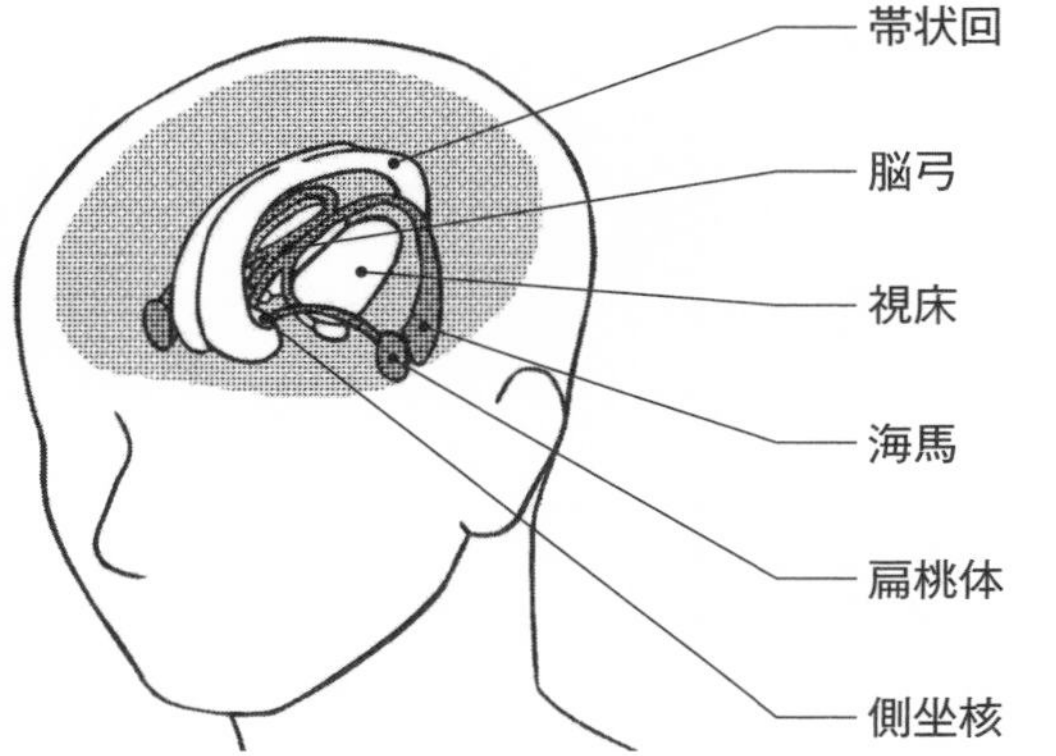
帯状回
脳弓
視床
海馬
扁桃体
側坐核

脳科学におけるタイプ別性格診断テスト

A：はい　B：どちらでもない　C：いいえ

●左脳３次元

	A	B	C
冷静に、理路整然と話をする方だ	2	1	0
チームの責任者に向いていると思う	2	1	0
いわゆる根回しのような活動は苦手だ	2	1	0
自分は大器晩成型だと思う	2	1	0
即断即決を求められるとストレスを感じる	2	1	0
自分が無駄だと思うことは絶対したくない	2	1	0
自分の実績を数値化することが自信に繋がる	2	1	0
自分の感情は表に出したくない	2	1	0
一人で本を読んだり考えたりするのが好きだ	2	1	0
宴会で自分の席から動くことはあまりない	2	1	0

合計　　　点

●右脳３次元

	A	B	C
常にテンションが高く、声が大きい方だ	2	1	0
エネルギッシュだと言われる	2	1	0
人を説得するのは得意である	2	1	0
交友関係は広い方だ	2	1	0
何か挑戦するものがあるとエネルギーが出る	2	1	0
成功して有名になり、周囲の注目を浴びたい	2	1	0
政治的に動くのは得意だ	2	1	0
過去の失敗は忘れて、成功例しか思い出せない	2	1	0
人と違うことをやりたいといつも思っている	2	1	0
楽しいことが人一倍好きだ	2	1	0

合計　　　点

●左脳２次元

	A	B	C
強く信じている主義や主張がある	2	1	0
規則には忠実に行動したい	2	1	0
「君の言うことは正論だが」とよく言われる	2	1	0
「怒り」の感情が原動力になることがある	2	1	0
ルールや原則を守っていると安心感がある	2	1	0
小さなことでも気にかかることが多い	2	1	0
自分の考えを他人に当てはめてしまうことがある	2	1	0
普段物静かだが追い込まれると激情にかられる	2	1	0
自分が予測できない事態になると不安になる	2	1	0
しゃべり方に抑揚がなく声が小さい	2	1	0

合計　　　点

●右脳２次元

	A	B	C
世話好きで困っている人を放っておけない	2	1	0
大きな団体よりも小グループの方が落ち着く	2	1	0
人に感謝される仕事がしたい	2	1	0
白黒はっきりつけるのが苦手だ	2	1	0
仁義や筋を通すのが重要だと思っている	2	1	0
人に会うとまず喜ばせたいと思う	2	1	0
自分のことは後回しになることが多い	2	1	0
子供や教え子、部下が育つことが何より嬉しい	2	1	0
人間関係が重荷に感じることがある	2	1	0
過去を思い出すと悲しいことが沢山あった	2	1	0

合計　　　点

一章

志に燃えた少青年期

（論語）

志士《しし》仁人《じんじん》は、生を求めて以《もっ》て仁を害すること無し。

身を殺して以て仁を成すこと有り。

（出典）衛霊公第十五（九）

（訳）

志士、仁人は、生を求めて人道に反するようなことはしない。時には命を投げだしてでも人としての道を貫き通す。

論語と算盤は遠くて近いもの

この章では、渋沢栄一の偉大な業績の基礎を作った、彼が青少年期に受けた教育について、脳から考えてみたいと思います。なぜならば、私が考える教育の本質は、脳の使い方を教育の力でよりよくすることであり、山あり谷ありの人生を幸せに生きる基本を教育が作ることに他ならないからです。渋沢栄一に関する書籍は数多く出版されていますので、その中から彼の脳の働きがわかるようなエピソードを選びだし、紹介していきます。

本題に入る前に、まずはこの本のタイトルにも入っている『論語と算盤』について、簡単に説明します。『論語と算盤』は渋沢栄一の代表的な著述のひとつで、一九一六（大正五）年九月、東亜堂書房より『縮刷名著叢書』シリーズの第三十七編として刊行されました。これは渋沢栄一記念財団の前身である竜門社の機関誌『竜門雑誌』に掲載された渋沢栄一の訓話や著書『青淵百話』などをもとに梶山彬が編纂したもので、十章（「処世と信条」「立志と学問」「常識と習慣」「仁義と富貴」「理想と迷信」「人格と修養」「算盤と権利」「実業と士業」「教育と情誼」「成敗と運命」）九十編からなる訓話集としてまとめられています。タイトルは、第一章「処世と信条」の最初の項目「論語と算盤は甚だ遠くして甚だ近いもの」から来ています。原文を引用します。

今の道徳によって最も重《おも》なるものとも言うべきものは、孔子のことについて門人達の書いた論語という書物がある。これは誰でも大抵読むということは知っているがこの論語というものと、算盤というものがある。これは甚《はなは》だ不釣合で、大変に懸隔《けんかく》したものであるけれども、私は不断にこの算盤は論語によってできている。論語はまた算盤によって本当の富が活動されるものである。ゆえに論語と算盤は、甚だ遠くして甚だ近いものであると始終論じておるのである。

渋沢栄一は明治六年に官僚を辞し、実業界に入ることになってから、論語に対して特別の関係ができた、といいます。世渡りするにあたって志をいかにもつべきかを考え、その時に論語を思い出したのです。

論語にはおのれを修め人に交わる日常の教えが説いてある。論語は最も欠点の少ない教訓であるが、この論語で商売はできまいかと考えた。そして私は論語の教訓に従って商売し、利殖を図ることができると考えたのである。

このように、渋沢栄一は、一見相反するかのように思える「道徳（論語）」と「経済（算盤）」は両立するものであり、また両立を目指すことの重要性を説きました。後進の起業家を育成するために自らの経営哲学を語ったこの談話録は、今なお不滅のバイブルとしてたくさんの経営者に読まれています。

誰からも愛され、尊敬された

さて、では渋沢栄一の人生を追ってみましょう。

渋沢栄一は、波乱万丈だが生涯現役で幸せに働き、九十一歳というその時代では驚くほど長生きしました（明治の半ば生まれの平均寿命が四十三歳なので、幕末に生まれた人はもっと短かったことが想定されます）。そういう意味でも、彼が受けた教育は、本質にかなった素晴らしいものだと断言できるでしょう。

「棺《ひつぎ》を蓋《おお》いて事定《ことさだ》まる」（訳：人間の真価は、死んでから決まる）という言葉がありますが、彼が死んだ時にこのような話があります。

渋沢が死んだ日の翌朝、この庭（註：渋沢邸）の茂みの中に、一人の怪漢がひそんでいるのが発見された。

怪漢は、十一月の夜寒の中を、一晩中、戸外で正坐していた。

「ここで、かげながらお通夜させていただきました」と。

ある鉄工所の経営者であった。不幸な生れで、渋沢が院長をしていた養育院で育てられたが、渋沢は多忙な体なのに、名前だけの院長ではなく、養育院のために骨折り、子供たちをかわいがった。その男には、親代りに思える人だったという。

渋沢の死は、経済界だけでなく、ひろく市民たちに惜しまれた。

青山斎場には、約四万という会葬者がつめかけ、このため告別式を一時間くり上げてはじめたが、焼香の列をさばききれず、式を打切るまで延々三時間半もかかるという有様であった。

天皇からは、「高ク志シテ朝ニ立チ、遠ク慮リテ野ニ下リ、経済ニハ規画最モ先ンジ……」にはじまるかなり長い弔慰の御沙汰書を受けた。中に「社会人の規範で、内外の仰ぎ見るに値する人物」という意味のお言葉もある。（『雄気堂々』城山三郎）

天皇から一般市民まで、このように死を悼まれる経営者が現在の日本にはたしてどれほどいるでしょうか。誰からも愛され尊敬され、近代日本においては空前絶後といってもいい業績をあげた渋沢栄一の受けた教育を脳から解析することは、我々も大いに参考になるところがあるに違いありません。

では、彼の受けた教育を、順をおってみたいと思います。まず、最初は当然両親から教育を含め大きな影響を受けました。彼の父親と母親はどんな人だったのでしょうか。

父親である渋沢市郎右衛門は、働き者で非常にまじめな人でした。養子で渋沢家に入った彼は、農業だけではなく藍の商売を手広く始め、渋沢家を建て直しました。その分、節倹に関しては厳しく、以下のような話があります。

栄一が江戸に出た時、硯箱を求めてきた。それまでのがこわれたので、父上にことわってきたのだが、それが桐の硯箱だったというので、たいそうなおかんむりじゃ。わしはおまえを見限ったと、三日も四日も申され続けた。（『雄気堂々』城山三郎）

父・市郎右衛門は情の深いところもあるいい人なのですが、原則を曲げない四角四面な性格の持ち主で、おそらく『左脳二次元』（焦点を絞って物事を深く掘り下げる。物事の原理を重んじるタイプ。ひとつのことを深く探求したり、単調なことでも飽きずに楽しむのが得意な脳の使い方）主体といってもいい脳の使い方です。

一方、母親えいは、盲目的といっていいくらい情の深い人でした。

まだ栄一が子供のころ、えいは風が出ると、きまって栄一の羽織をかかえて、遊び先へかけつけた。「栄一はいませんか」とたずねながら、田んぼの中の一本道を子供の羽織を抱えて走るえいの姿は、村の名物になり、「おえいの羽織」と笑われた。

からっ風の本場である。風が出たからと、子供に羽織を着せに走る女はいないし、そのために風邪をひくような子供もいない。そうした中で、えいだけが、わき目もふらずに羽織をかかえて突っ走った。（『雄気堂々』城山三郎）

また、えいの愛情は、息子のみならず病気の人にまで向けられていました。近所に住んでいた、癩病を病むりんという名の貧しい中年女に対し、医学知識の進んでいない当時は不治の伝染病だということで誰もが怖がって避けているのに、えいだけは平気で親しくつき合っていたといいます。

後年、渋沢栄一が慈善事業へ精力的に取り組んだのも、この母親の脳の使い方――つまり『右脳二次元』（相手のことを中心に考え、気配りするのが上手。情を重んじるタイプ。深い人間関係を築いたり、相手の立場に立った行動をとるのが得意な脳の使い方）主体の脳の使い方を色濃く受けついでいたからといっていいでしょう。

渋沢が受けた教育①素読

では、渋沢栄一が受けた教育に関して、脳から解析します。

この本のテーマにもつながりますが、彼の受けた教育に関して私が一番興味あるのは、渋沢栄一が農民であるにもかかわらず、その当時の多くの下級武士がしたように、幕末の動乱に志士として身を投じたことです。

志士というのは、この章の扉ページに紹介した論語の言葉のように、「志のためであれば自分の命は鴻毛《こうもう》より軽し」という生き方です。

志とは、前述の論語の言葉のように、「公」に対する仁がベースにあります。幕末であれば、西欧列強がアジアの最後の砦である日本を植民地化しようとしたのを防いで、自分の命をかけても日本を守ろうとしたことにあたります。

つまり、この時代の若者には、誰かに強制されたわけではなく、自発的に「公」のためには命をかけてもいいという気概のあった人たちがいたということになります。

では私がこの年になるまで、そのような気概がある人間が私を含めていたかといえば、残念ながらまずみたことはありません。むしろ多くの国民が、「私」、つまり自分の利益を最優先に生きてきたのは事実だと思います。

その差がどこから来るのかといえば、脳の使い方を作りあげるのは子供の頃の教育なので、間違いなく幕末と戦後の教育の差であるといっていいでしょう。

では、どちらの教育が優れているかといえば、「ストレスを乗り越えて幸せに生きることを目的とする」という教育の本質からみると、渋沢栄一の受けた教育をみる限り、幕末のほうがはるかに優れていたと思わざるをえません。幕末の教育のどこが優れていたかを、彼の受けた教育を振り返りながら、大きく三つのポイントをあげたいと思います。

まず彼が受けた教育に関するひとつめのポイントは、生き方に関する学問、論語がその代表格ですが、それを含めて数多くの本を「素読《そどく》」したことです。素読とは、たとえ意味がわからなくても、教師に習いながら声を出して論語等を読み、音でそれを覚えることです。現代では、ほとんどどの学校でも素読は行われていませんが、江戸時代は、寺子屋を含めて教育の中心は素読でした。

素読の利点は、非常に多くの情報量を、幼年期に正確に脳の中に入れることができることです。そして意味に関しては、大人になっておいおいわかればいいという教育法です。なぜならば、人間は一度でも発音をインプットした言葉には、たとえ大人になっても強く反応するからです。外国語を効率的に習得するのと同様の方法です。

渋沢栄一は、この教育法がよかった、論語が頭の中に入っていたから、人生の岐路で論語が頭の中から出てきて判断を間違えなかった、と後年述懐しています。実は、この教育法は脳からみても非常に理にかなっています。
渋沢栄一の教育に関しては、父親が農民であるにもかかわらず教養のある人で、六歳くらいから、父から四書五経の素読を学びます。そして、八歳から、渋沢栄一のいとこである尾高惇忠から個人的に教育を受けます。

渋沢は、『渋沢栄一伝記資料』第一巻で、尾高惇忠の句読の授け方を「一種の『渉遣《はかや》り主義』でした。」と回想し、通例の暗記重視法とは異なる速読・多読中心の教育法だったとしている。

学問を学問として教えるならば、こうした尾高惇忠のような教え方はあまりにも胡乱《うろん》で、時間がかかりすぎる。なぜなら、学問のための学問には、組織だった知識の積み重ねと、次のステップに素早く進むための効率性が要求されるからである。だが、日常的実践の方法論としては、尾高の方法は極めて有効であるばかりか、合理的でもある。というのも、外国語をネイティブ・スピーカーから直接学ぶのと同じように、まず空虚な「記号」があり、「意味」は後から現実とともにやってきてこの空虚を埋めるような形になるから、いったん、「記号意味」の意味作用が機能し始めれば、現実での応用力は、「記号」と「意味」を同時に学ばせる方法よりも、はるかに強力だからである。

頭の中に無意味な「音」として残っていた儒教の教訓が、現実のなかでその実体を思いだすという点で、それは、日常的な真実を発見する個人的な体験となる。

そうした方法は、語学のダイレクト・メソッドと同じように、少人数でしかも根気よく教えないと実効があがらないという欠点を持つが、個人教授として毎日栄一に素読を施していた尾高惇忠は、この弊は完全に免れていた。（『渋沢栄一　算盤編』鹿島茂）

脳科学的にみて、なぜ素読が理にかなっているのでしょうか。その理由を私はこう考えています。

人間の脳の神経細胞数は四〜五歳がピークで一番多く、それから不必要なものは刈りこまれて減っていき、神経細胞をつなぐシナプスは十歳から急激に数を増やすといわれています。つまり、できるだけ幼いうちから多くの情報――しかもそれが論語のようにストレスをのりこえて生きていく上できわめて有用な情報――を脳細胞に入れておくことは、五歳を過ぎると徐々に不必要な脳細胞が刈りこまれることを考えると、非常に重要であると思われます。この時に習った言葉が、その後の人生における脳の働きの基本的な土壌になるからです。人間がよりよく脳を使うには、語彙が豊かであればあるほどプラスに働きます。

そして、幼年期にできるだけ多くの情報を入れるには、「音」、つまり素読が一番効率的です。その時習った音の情報を入れた大量の脳細胞が刈りこまれずに生き残れば、音に付随した意味を知るのは大人になってからでも遅くはありません。脳の中に音の情報がなければ、大人になってから入れようとしても、脳細胞自体が減っていっているので、効率的ではありません。意味がわからなくても多くの情報を幼い頃に入れておけば、十歳をすぎてシナプスが増えてくるとともに、自然とその音のもつ意味がわかってきます。

実際、渋沢栄一は、幼年期より多くの本を素読をしていましたが、自然と意味がわかってきたのは十一～十二歳になってからでした。そして、意味もわからず子供の頃に覚えた論語が、大人になって判断の基準になり、あとから振り返っても判断を間違えなかったということは、おそらく小脳に論語が生き方の型として入っていたからでしょう。

前章で小脳が、現実に対応する部位であるとのべましたが、渋沢栄一自身が、論語は単なる知識の学問ではなく、現実において実際に役立つものであるという心構えで学んだので、それがその後の人生で判断に迷った時に、現実に対応する機能をもつ小脳から出てきたのでしょう。

渋沢栄一が述べている「儒学＝人生処世上の規準」という思想は、父の教育方針を忠実に反映したものと見てよい。いいかえれば、栄一は、父の影響で、純粋な知識としてよりも、むしろ、日常的実践の方法論として儒学を認識していたことになる。（『渋沢栄一　算盤編』鹿島茂）。

この教育法をみると、我々現代人は、ストレスを乗り越えるための人生の指針をもつために、論語等の人間の正しい生き方を説く本を素読するという、脳科学的にみてもきわめて合理的な手段を失ったことが、我々を含め多くの人が社会に出てストレスにあえいでいる大きな原因であると私は思っています。

そして、その豊富な素読から学んだ漢学の素養を生かして漢詩を読むことが、渋沢栄一がストレスを乗り越えるのに大きな役割を果たしました。

彼の経験した社会の一大変化は、「昭和史」の変化よりさらにすさまじいものであり、要領や迎合で対処できるような生やさしいものではなかった。そして、一歩誤れば命がなかったという時期もまた決して短くはなかった。（中略）ではなぜ彼が「不倒」であり得たのか。一言でいえば彼も藍香（註：尾高惇忠）も詩人だったからである。（中略）彼はどんな時でも「詩作」という、「自分だけの世界の人間」になり得たということである。いわば社会の変転の激しい時ほど、このような「不易」の「自己の世界」をもって、はじめて変転する社会に対応できるわけである。これが、現代では失われかつ忘れられている幕末・明治人の特質の一つであろう。（中略）漢文は一面では日本語だがそのまま読み下せばものすごく簡潔に短縮された日本語になり、ある情景を見、それにまつわる歴史を回顧し、それをもとに感慨を浮かべ、またある種の結論に達することがきわめて短時間にしかも明晰かつ的確にできる点に特徴がある。（中略）実に複雑な（註：彼と尾高惇忠が埼玉から長野で行った藍のセールスに関してのこと）ものであったらしい。それはある意味において、「そのときどきの状態に対応する感覚」すなわち「流行」を要請される。だが同時に彼は、これとは全く別の世界、それがどう変転しようと、それとは関係なき「一貫している詩の心」をもっていた。それは彼が十七歳の時の、埼玉と長野の間の小さな世界の中のことではあっても、この態度が青年時代にすでに確立していたことは、日本全体の大転換に際しても、変転する世界情勢に対しても、常に同じ態度をとり得たことを示すであろう。われわれは将来に対処するため、近代化の犠牲として失ったこのことの重大さをもう一度考え、あらゆる方法でそれを回復せねばならない。（『渋沢栄一近代の創造』山本七平著）

詩とは、自然の美しさなどに感銘を受けて、自分の脳がもつ語彙を駆使して表現する文章といえるでしょう。それは、自分が自然の一部であるという不易を脳で再確認する、もしくは現実において対処せざるをえない流行から人間は自然の一部であるという不易に戻す作業といってもいいでしょう。

ではなぜ漢詩がそれに適していたのでしょうか。ひらがなや英語は一個一個の文字には意味がなく（たとえば「あ」や「a」自体には意味はない）文字の組み合わせで単語を作っており、情報処理を効率的に行えるので、三次元の領域つまり左の頭頂葉にあります。

ところが、漢字は字自体に意味をもち（たとえば「漢」は「おとこ」等一文字で複数の意味をもつ）、ある意味「象形文字」に近く、二次元つまり左の側頭葉にあります。側頭葉には情動に関わる扁桃体などの部位があり、漢詩が自然から感じた情動を短い文章で簡潔に表現可能なのは、漢字自体が情動を字自体の中に包含している（たとえば、「悲」、「哀」など）ためかもしれません。漢字が側頭葉にあるのも情動の部位と近いというのが、ひとつの理由かもしれません。

いずれにしても、漢詩で自然や歴史とつながり、自分の感じた情動を客観的にみることで、世間の流行に左右されない不易につながる自分の立ち位置を脳の中につくっていたのでしょう。日露戦争で旅順要塞攻略の立役者である乃木希典も漢詩が得意でしたが、彼があの強烈なストレスの元で精神の均衡を保てたのは、彼の趣味である漢詩をつくることがある程度貢献したのは間違いないと思います。

渋沢が受けた教育②濃密な人間関係

渋沢栄一の受けた教育のふたつめのポイントは、その当時はそのような傾向が強かったと思われますが、非常に濃い人間関係のもとで教育がなされていたことです。たとえば、幼児期に父から子へといった濃密な人間関係の下で教育を受けたことが、単なる知識の伝達ではなく、渋沢栄一の生き方の骨格までも作ったことがわかります。

これは、その後に受けた尾高惇忠からの教育も同様で、現代のような単なる知識の教育ではなく、現実の中で実践することを目標とするような、左脳も右脳も含めて脳全体を使う教育ということがいえるでしょう。

晩香（註：渋沢栄一の父親の別名）が、仕入れ値を叩いて製品を高く売り付けることで暴利を得ようとする強欲型の商売人ではなく、むしろ、自分のつくり出す製品の改良のほうに心血を注ぎ、製品の品質によって信頼を得ることに喜びを感じる創意工夫型の企業家であったということである。いいかえれば、だまし売りによる一時的利益よりも、信頼による長期的な利益のほうが、財産を大きくすると考える近代的な発想のできる人だったということである。（『渋沢栄一　算盤編』鹿島茂）。

論語に「利に放《よ》りて行えば怨《うら》み多し」（訳：自分の利益、得になることしか行わない者は、人から怨みを買うことが多い）というのがあります。渋沢栄一の父は「論語と算盤」を自分の商売で実践しており、その背中から渋沢栄一は学んだことは間違いないでしょう。

この「論語と算盤」、つまり「右脳＝論語」と「左脳＝算盤」を一致させる生き方は、その当時時代を変えた多くの人たちが学んだ「陽明学」の影響をみることができます。

陽明学は、中国明代の中期に活躍した王陽明を祖とし、日本に伝わって発展をとげました。幕末の原動力になったといってもいい学問で、吉田松陰、高杉晋作、橋本左内、西郷隆盛、河井継之助など多くの志士が影響を受けました。尾高惇忠もそのひとりで、王陽明の説いた「知行合一」を塾名にしているくらいです。

尾高惇忠や渋沢栄一の陽明学の師といわれたのが、漂白の陽明学者である菊池菊城で、彼の「学を誇るよりも、実行に勉めなければならない。実行ということになれば、朱子学より陽明学のほうが優れている」という言葉に強い印象を渋沢栄一は受けています。

では、具体的に陽明学のどの思想が渋沢栄一の生き方に影響を与えたのでしょうか。王陽明は知行合一を『伝習録』で以下のように説明しています。


現在、人は、学問をするにあたり、何よりも知と行とを二つに分けてしまっている。その故に、心にある思いが生じて、それが不善であったとしても、（いや、まだ行動に表わしてなどいないから）というわけで、その思いをそのままにして禁じようともしない。私が、今、この知行合一を説くのは、他でもない、ほんのちょっとでも思いが生じ

たら、それはすでに行動したのとおなじことなのだ。そして、その思いに不善があれば、ただちにその不善の思いを克服すべきであり、ほんのわずかな不善であっても、胸中に潜ませないように、徹底をきわめなくてはならないのだということを、どうしても皆さんに悟ってもらいたいからである。これが、私の主張の本意なのだ。(『渋沢栄一と陽明学』林田明大)

ここでいう不善の反対は、王陽明にいう「良知」ということになります。「良知」とは真理であり、「真理というものは我の外に在るものではなく、我に内在するものである」と、王陽明は晩年に悟っています。

陽明学を脳から解析しますと、すべての人は当然、左脳(「知」にあたる)と右脳(「行」にあたる)をもっており、働きは真逆のようにみえますが実はお互いに影響しあっています。自分に内在する良知を知ることが即ち行動に結びつき、行動することがさらに良知を確認することにつながります。それ以外に良知に至る手段はなく、知と行はそういう意味では表裏一体で分けることはできません。

幕末の志士たちが陽明学を信奉して、自分の信じる良知をもとに過激な勢いで行動したことが、明治以降日本が短期間で、奇跡の近代化に成功した原動力になりました。

当時（註：幕末）の学問は、単なる知識人・学者を生み出すシステムではなかった。言うまでもなく、四書と陽明学が育んだ英傑たちは、幕末の動乱を収め、明治維新を成功させ、丁髷《ちょんまげ》と木と紙でできた江戸文明を、たった二十年で立憲君主制――国会と憲法を作り出し民主制を維持する事には今日でも殆《ほとん》どの国が成功していない――と、鉄と電気の国に変えた当の本人たちだ。その途方もない飛躍を可能にした人材を養成したのが、西洋型の大学システムではなく、『論語』であり陽明学だったとしたら、日本が近代化の中で、それを捨てることに如何ほどの合理性があったのだろうか。（中略）

令和日本の再生は、全体の利益を図る節度ある経済に、我が国が勝利した「儒教資本主義」の精神に、活路を見出すべきではないのか。

私たちは成功体験に戻らなければいけない。それは、渋沢栄一、安岡正篤、松下幸之助、本田宗一郎らの精神的ヴィジョンの謙虚な学び直しに始まる。

経営と道徳は一致すると渋沢は説き、その軸には『論語』があり、渋沢の師は皆陽明学者だった。

戻るべき成功の原点があるとは、何と有難い事ではあるまいか。(『渋沢栄一と陽明学』林田明大)

明治維新、大東亜戦争後の日本の躍進は、論語や陽明学の精神を基に企業をつくった人たちの遺産であり、その精神が企業人から消えたことがバブル崩壊後の日本の停滞につながっています。この本においても、その視点で渋沢栄一の生涯から学びたいと考えています。陽明学に関しては、第三章で詳しく論じたいと思います。

渋沢が受けた教育③合理性

そして、渋沢栄一の受けた教育の三つめのポイントは、渋沢栄一が農民であり商人であり、その視点をもって武士になり、武士道を実践したことです。彼はそのため、武士が往々にして理念のみに生きるところを、合理性の裏付けのない理念は受け付けない体質がありました。

それを物語るエピソードがあります。栄一が十五歳の時、五歳年上の姉が、結婚に反対されたことをきっかけに、神経を病むようになりました。破談になった理由は、ある親戚筋の人が「結婚相手となる家に御先狐《おさきぎつね》が棲みついている」と言いだしたからでした。そのようにいわれる家は、地元では忌み嫌われており、そのため縁談は成立しませんでした。

それをみた渋沢宗助（註：渋沢家の分家当主）の母親は、たいへん信心深かったので、姉の病気の原因は渋沢家に祟りがあるためであり、その祟りをはらうのに遠加美講《とうかみこう》の修験者を頼んで祈祷をするといいといいだしました。

栄一の母がすすめに従ったので、修験者が渋沢家に来て祈祷を始めました。そこで、中坐という、神と人を仲介する役の人に、神のお告げを聞きました。中座がのべたお告げの内容は、昔伊勢詣りに行って帰らなかった者がおり、それが無縁仏となって祟っている、その祟りをしずめるには祠を立てる必要があるということでした。

栄一はそれまで黙っていたが、このとき中坐にたずねた。

「無縁仏がこの家を出たのは、何年ほどまえのことだったのでしょうか」

中坐は、しばらくためらったのち答えた。

「五、六十年前じゃ」

「そのときの年号は、いつでござりますか」

「天保三年（一八三二）の頃じゃ」

栄一は修験者に声高に問いつめた。

「天保三年は二十四年前のことです。無縁仏の有無を知るほどの神様が、年号をまちがうでしょうか。そんな訳はないはずの事です。それをまちがった神様なんぞ信じられないですよ」

伯母が横合から、栄一の言葉を遮った。

「そんなことをいいだしちゃ、神罰をこうむることになる」

しかし、神託に誤りがあるのはふしぎであると栄一はいいはり、自然と同座の人もいぶかしんだので、修験者は間が悪くなってやむをえず、言い抜けをした。

「これは野狐がきて、いたずらをしたんだよ」

栄一はすかさずいう。

「野狐がいったのなら、なおさら信用できないね。祠をたてることは無用でしょう」

修験者は返事に窮したまま、あわてて帰ってゆき、彼らの小細工は栄一に見破られ、祈祷は信じがたいものであることが分った。（『小説　渋沢栄一』津本陽）

姉が精神を病んだのも迷信からでした。左脳三次元の、物事の本質から考える脳の使い方をする渋沢栄一にとって、非常に腹立たしいことだったでしょう。自然の本質に則ったところからの視点を常にもち、それ以外何物にもとらわれなかったことが、彼が不倒翁《ふとうおう》といわれ、最後まで盛大な人生を歩んだ源泉だったように私は感じます。

彼のもっていた左脳三次元の合理性は、父親がしていた藍の買い付けの商売にも、存分に発揮されました。彼と祖父が藍の買い付けに行った時の話です。その時、彼は、父親は藍の見分けの名人なのでついていくのは恥ずかしくないが、祖父の見分けは下手でみてられないと感じました。そして、自分はまだ子供だけれど、父親のすることをみているのでひと通りのことはできると考え、祖父に代わって藍の買い付けに出かけ、子供だと思ってみくびる大人を相手に堂々と渡りあい、良質な藍を手に入れることができました。

明治維新後、彼は官僚になりますが、その世界に愛想をつかして、在野の実業家としてスタートします。当時は官界に比べると軽んじられていた商業や工業を栄えさせることが、欧米と対等に付き合うために必須だと考えたためです。

おそらく、そうした元々の素地は、彼の実家が農業のみならず、当時高価な値段で取引をされていた武州藍の商売をしており、商人としての感覚を父親に鍛えられたことが大いに影響しているようです。


そして、それと同時に、いとこの尾高惇忠から武士的な生き方の影響を受けました。尾高惇忠は十二歳の頃、水戸で、水戸藩主・徳川斉昭が実施した追鳥狩りという軍事演習をみて強い印象を受け、水戸学に傾注していきます。

水戸学は、尊王攘夷論を全国に広めた大元になった思想であり、幕末外国の脅威が迫るにつれて多くの若い武士たちの支持を集めます。渋沢栄一が尊王攘夷の思想にかぶれたのも、彼の影響でした。そして、渋沢栄一が日本は尊王攘夷思想が大切であり、そのためには倒幕をせねばだめだと思わせた決定的な事件が起こります。

それは渋沢栄一が十七歳の時、領主から村に千五百両の御用金を申しつけられた時のことでした。その当時、血洗島村の領主は岡部藩の藩主・安部信宝で、藩の財政は困窮していました。そのため、先祖の法要や若殿様の元服、姫様の嫁入りなどの際には、領内の豪農から、彼らの名字帯刀を許すかわりに、これらの費用を御用金として徴収しました。

風邪をひいた父親の名代として岡部藩の陣屋にまかり出た渋沢栄一は、御用金を要求する代官に対して、父から御用をきいてこいといわれてきただけで父と相談なしにここですぐお受けすることはできない、と答えました。この返事に、代官は怒りをあらわにして言い立てました。


「何をたわけたことを申すか。おぬしは、一体お上の御用を何と心得ているのか。お受けできませんとな。お上に逆らうつもりか。このままでは捨ておかんぞ」

一息ついて、今度は小馬鹿にした風に言う。

「ところで、おぬしはいくつだ」

栄一は、この言い草に内心ムッとしたが、相手が代官であることから我慢した。

「はい、十七歳でございます」

「そうか、おぬしも十七歳になるなら、もう女遊びもするであろう。一人前の大人ではないか。おぬしの一存で何とでもなるであろう。そちの家で五百両の金なぞは何でもないはずだ。家に帰って父と相談するとは聞いたこともない。おぬしは、自分が何を言っているのか分かっているのか。皆と同じくこの場で有り難くお受けしろ！」

それでも承知することはできないと言い張った。近村の名主二人はお受けするように促すが、栄一は納得しない。代官は、一層顔を赤くしてにらみながら怒鳴りつけた。

「黙れ、黙れ！　お上に言葉を返すつもりか、不埒千万なやつめ！」

「しかしながら、私は……」

代官の口汚い言葉に耐えながら、この後も決してその返事を変えなかった。このため、父に話をしてから再度まかり出ることになり、陣屋を後にした。

村に帰る道すがら、栄一は、いかに身分が違うとはいえ、代官の言葉や態度に憤懣やるかたない思いが消えなかった。確かに、藍玉の製造・販売で、

「当時、中ノ家（註：渋沢栄一の家）の売り上げは年間一万両ぐらいあったそうです」（田澤拓也『渋沢栄一を歩く』）ということであれば、五百両は大した金額ではない。

だが、領主は当然年貢を徴収しながらも、さらに御用金と称して強引に取り立てる。しかも、岡部藩は何の経費節減の努力もしないで、逆に用立てする農民を一方的に軽蔑し、嘲弄するような態度に出る。こんな道理はどこから生じたのであろうか。

また、あの代官は決して教養があるとは思えない。こんな人物がお上の役人をしてい

るのは、幕府政治が腐っているからではないか。今の世の中では、農民は何の知識も分別もない役人に侮辱され、まるで奴隷のように扱われてしまう。栄一にとって、農民であるがゆえの理不尽な境遇を、強烈に思い知らされた出来事であった。（中略）

この一件は、栄一にとって折に触れ幕政への怒りの火種となる。そして、立派な武士になってこの国をよくしたい、役に立ちたいという思いを胸中から忘れさせることがなかった。（『渋沢栄一』今井博昭）

この出来事が彼を倒幕に向かわせ、尾高惇忠の信奉する水戸学の影響で、高崎城襲撃計画に結びつきます。文久三年（一八六三年）、渋沢栄一が二十四歳の時、尾高惇忠を主将、渋沢栄一を副将として、倒幕の先駆けとなるべく、高崎城を襲撃後、鎌倉街道を急進して横浜に至り、外人居留地の四方八方に火を放って、外人を手当たり次第に切り殺す計画をたて、その年の冬至に実行することを、六十九名の同志と決めました。そして、京都に潜伏していた尾高長七郎（註：尾高惇忠の弟）が帰郷したので、十月二十九日夜、主だった仲間が集まり、襲撃の手順について密議をしました。

しかし、襲撃の計画を聞いていた尾高長七郎は、意外なことに、襲撃することに反対したのです。彼は、潜伏していた時の京都の情勢を話しました。まず、天誅組の変の顛末です。天誅組の盟主には中山侍従をいただき、指揮は藤本鉄石、松本奎堂などという文武の達人たちがとり、郷士浪士の精鋭を百人以上もそろえ決起したにもかかわらず、わずかに地元の五条代官を斬っただけで、小さな植村藩に防ぎとめられて、主だった者は討死し、天誅組はあっという間に鎮圧されました。確かに彼らの志は高かったかもしれないが、結果として単なる軽挙に終わってしまいました。

さらにこの夏、会津薩摩の連合のため朝議が一変して、尊王攘夷派が劣勢にあることも伝えました。長州藩は御所の守衛を免ぜられ、三条実美ら七人の公卿も長州へ逃げのびており、とても渋沢栄一たちの挙兵に呼応するどころではない厳しい状況に今の長州は追いこまれています。だから、渋沢栄一ら七十人くらいの烏合の衆が挙兵したところで、高崎城がまず取れない、たとえ取ったところで、横浜への進撃など不可能で、たちまち幕府や諸藩の兵に取り巻かれ、討ち滅ぼされるに決まっている、と尾高長七郎は断言しました。

それに対して渋沢栄一らは、成否は関係ない、捨て石となって戦うことで、天下の有志が立つさきがけになりたい、とあくまで挙兵することを主張しました。議論は平行線で、両者は、斬り合いで決着をつけるという激論をかわすまでになりました。

「わからんやつだな」

急に長七郎の語調がかわった。泣きそうな声であった。

長七郎は下唇をかみ、ついで眼を閉じた。その唇から、ふるえるような声が漏れる。

「おぬしたちの気持は尊い。尊いから、なおのこと、わしは犬死させたくないのだ」

眼のふちから、涙が光って落ちた。（中略）

「やめてくれい、諸君。たのむから、やめてくれ」

胸底からしぼり出すような声である。（あの長七郎が泣く。そんなことがあって、たまるか）栄一たちは、まだ茫然としていた。（中略）

夜明け近くなって、新五郎がいった。

「お互いに、こうまで感情が激していては、議論の決着をつけるわけにも行かぬ。この場はひとまず解散し、明日の夜もう一度寄合って、話をきめようではないか」（中略）

冬の一日は、考えに考えている中、あっけなく過ぎた。

長七郎が命をかけてとめようとするだけに、たしかに計画が無謀に思えてきた。とりわけ、天誅組潰滅の生々しい実例が、栄一にはこたえた。長州藩をはじめとする尊王攘夷派の後退という新しい情勢も、旗揚げを再検討すべき重要な問題であった。成功の目鼻は、格段に少なくなった。しかも、その結果が、長七郎のいうように「ただの百姓一揆」としてかたづけられるかと思うと、死んでも死に切れない気がする。

ひょっとすると、長七郎の意見が正しいのではないか。

何十人もの男が、家をすて命をすてて決行するからには、十分の上にも十分に情勢を検討し、思慮を働かせるべきである。焼打ちのためにたまたま冬至の日を選んだが、それ以後でも、いくらでも好機はあるはず。いまはしばらく、天下の形勢を見守るべきではないだろうか。それに、栄一には、あの剛毅な長七郎が泣いたということも、ひとつの衝撃であった。それほどまでに思っていてくれたのかと、心をゆすぶられた。(『雄気堂々』城山三郎)

この章の最初に掲げた論語の言葉「志士《しし》仁人《じんじん》は、生を求めて以《もっ》て仁を害すること無し。身を殺して以て仁を成すこと有り」のとおり、渋沢栄一は日本を救うために、命を捨てる覚悟で倒幕に立ち上がろうとしました。

しかし、やはり論語の「過《あやま》ちては則《すなわ》ち改むるに憚《はばか》ることなかれ」(訳:過ちを犯したと気付いた時には、躊躇せず潔く過ちを認めて改めよ。周りの思惑や、過ちを認めた時に起こる結果などにはとらわれず、即座に改めることが大切だ）にあるように、彼は過ちに気づき、即座に計画を中止にしました。

では、何が過ちだったのでしょうか。父親のように、農民である以上分を守り、国家のことなどは考えず、一生家業に精を出せばよかったのでしょうか。そのような人生を選択すれば、間違いなく渋沢栄一は後悔しただろうと思います。たとえ若くして死んでも、自分の一番大事だと思うことに殉ずることしか彼の生きる選択肢はないと考えていたと思います。

では、何が間違いかといえば、彼は非常に合理的なので、あとで冷静になってから気がついたと思いますが、論語としては間違っていないけれど、算盤が伴っていなかった、つまり現世で結果を出せないことがわかったということです。おそらく、彼が痛恨事と後悔しているこの出来事が彼の原点になり、論語と算盤につながったと私は感じています。

そして、頼みにしていた長州が一番力を落としたこの時期に挙兵しようとしたことは、一見不運にみえますが、彼の人生をみると、彼がいかに強運であるかを証明したような出来事となりました。つまり、もし長州の勢いがあった時であれば、彼らは長州の加勢を信じて挙兵したでしょうから、その結果間違いなく、全員犬死したと思われます。

また、無謀ともいえる挙兵をしようとしたことが、彼が命をかけて国家のために奔走する国士であることの証拠になり、徳川慶喜の有能で有力な部下である平岡円四郎に、そのことで有為の人材として認められ、偶然にせよ召し抱えられるきっかけにもなりました。その当時、平和が長く続いたせいで、ほとんどの武士が保身に走っており、幕末の動乱には使い物になりませんでした。これに関しては次章でのべます。


若い頃の渋沢栄一の脳の使い方に関していうと、扁桃体・報酬系をコントロールして自分の保身に走らず、そのエネルギーを義憤として公のために使う、しかも左脳の合理性も右脳の情もあるような脳の使い方であり、部下としてこれほど頼もしい人間はいません。

彼はこのあと、何度も挫折しますが、そのたびにそれまでの経験を生かしてさらに飛躍していく、まさしく不倒翁と呼ばれるにふさわしい人生をこれから歩むことになります。

二章

徳川慶喜に仕えて明治維新を迎える
激動の青年時代

（論語）

仁を好めども学を好まざれば、その蔽《へい》や愚《ぐ》。
知を好めども学を好まざれば、その蔽や蕩《とう》。
信を好めども学を好まざれば、その蔽や賊《ぞく》。
直を好めども学を好まざれば、その蔽や絞《こう》。
勇を好めども学を好まざれば、その蔽や乱《らん》。
剛を好めども学を好まざれば、その蔽や狂《きょう》。

（出典）陽貨第十七（八）

(訳)

仁を好んでも学ぶことをおろそかにすると、仁の本質が理解できず、ただの「お人好し」になる。このような者を「愚か者」という。

知を好んでも学ぶことをおろそかにすると、自信過剰となり勝手に突っ走ってとりとめがなくなってしまう。このような者を「蕩」という。

信(誠実・信念)を好んでも学ぶことをおろそかにすると、盲信に陥り互いを傷つけ合うことになる。これを「賊」という。

直(正直)を好んでも学ぶことをおろそかにすると、人に対して厳しくあたり人情味が無く、その害として窮屈になる。このような者を「絞」という。

勇を好んでも学ぶことをおろそかにすると、単純な思考しかできず、血気の勇に走り、無秩序となり、世の中が乱れる。これを「乱」という。

剛を好んでも学ぶことをおろそかにすると、心に柔軟性を失い、自分の意にまかせて軽挙妄動になり、その行動は気違い沙汰になる。これを「狂」という。

コペルニクス的発想の転換

この章では、渋沢栄一が一橋（徳川）慶喜に仕えた二十三歳から二十九歳までの、まさしく幕末の激動の時代に翻弄された出来事を仔細にみて、脳から解析したいと思います。

この時代、渋沢栄一は、自分の意図することがことごとく挫折していきましたが、あとから振り返ると、逆にそれが彼の偉大な人生の基盤を固めていったことがわかります。

まず前章で、高崎城襲撃を断念するところまでの彼の人生をたどりました。この章では、そのことが幕府方に露呈することを怖れて、京都に逃げるところから始まります。

実は、高崎城襲撃を企図して江戸で志士らと交わる時に、偶然、一橋慶喜の家来の平岡円四郎の知遇を得ることになります。彼が渋沢栄一を気に入り、一橋慶喜の家来になることを勧めたことが、窮地を脱することにつながりました。

まず、江戸から京都までの道中、平岡円四郎の家来という手形をもらったため、無事に京都に着くことができました。しかし、元々倒幕をするつもりなので、幕府の中枢に近い一橋家には士官する気はなく、京都で志士たちと交わりながら、これから何をするか考えていた時に、大変なことが起こります。

渋沢栄一に合流するため京都に向かっていたいとこの尾高長七郎が、道中であやまって人を殺め、伝馬町の獄につながれました。獄中の彼からの密書に、懐中にあった渋沢栄一の手紙が幕吏の手に入ったと書かれていたのです。その渋沢栄一の出した手紙には、倒幕の挙兵をするために、長七郎も京都に来て自分たちと工作をしようという内容が書いてありました。その手紙が幕府にわたり、倒幕を企てていることが幕府に知れた以上、幕府の追手が自分たちを捕まえるのは時間の問題でした。かといって、日本中どこも逃げるところがなく、渋沢栄一と、その時一緒に逃避行をしていたいとこの渋沢喜作は、万事休した状態になりました。その時、平岡円四郎から呼びだしがありました。

平岡は、なぜ自分の家来といつわって京都に来たのか、その理由を渋沢栄一に問いました。我々のおかれた事情を察していると感じた渋沢栄一は、問題となる部分はぼかして、平岡に京都にきた理由を説明しました。それを聞き終わった平岡は、渋沢栄一たちを逮捕する役人が、すでに京都まで来ていることを告げました。

声も出ないでいる二人に、平岡はいった。

「ところが役人たちは、おまえたちが道中わしの家来と称してきたことを知ったので、親藩の手前をはばかり、すぐ手を下すことができぬ。おまえたちがほんとうの家来でないと察してはいるが、大事をとって、念のため、家来かどうか、問合わせてきたまでのことだ」

「それで、平岡さまは……」

栄一たちは、息をとめて、平岡を見つめた。平岡の答えひとつに生死がかかっている。

平岡は、ゆっくり答えた。

「家来でもないものを、しらじらしく家来だといつわることはできない。さればといって、家来でないと答えれば、おまえたちがすぐに捕縛されるのは、わかりきっている。わし自身、返答に困っている」

何も、平岡が困る問題ではない。家来でないと答えれば、それですむこと。それを自分のことのように心配してくれる平岡がありがたかった。

恐縮する栄一たちに、平岡は一膝進めていった。

「ひとつだけ、解答がある。それは、おまえたちが、ほんとうにわしの家来になることじゃ。さすれば、わしは『わしの家来だ』と、堂々といってやれる」

「そんなことは……」

　思いがけぬ話の成行きに、喜作が顔をふるわす。平岡はいった。

「おまえたちが持っていたようなはげしい思想では、何事も成就するものではない。まして、いまは公武合体が実を結び、世の中はおさまろうとしている。だから、ここはしばらく、節を屈して一橋家に仕えたらどうなのだ」

　喜作が無言で強く首を横に振る。平岡は、構わずたたみかけた。

「一橋慶喜卿は、おまえたちも承知のように、英明のほまれ高い名君だ。烈公のお子で、尊王の志もお持ちだし、新しい時代を見る目も開いて居られる。幕府のやり方とは、いささか考えを異にしたお方である。同じ仕官するにしても、この一橋卿に仕えるなら、少しは心の慰めも得られるはずじゃ」（『雄気堂々』城山三郎）

　渋沢栄一は、その場での即答は避け、旅館に帰って、二人で相談しました。渋沢喜作は、元々幕府を倒そうとして京都に出てきたのだから、幕府方の一橋家に仕官するつもりは全くありません。しかし、渋沢栄一は別の考えでした。ここで仕官を断れば、捕縛されるか切腹するしかない、それではたとえ潔くても世の中に何の役にも立ちません。

一方、仕官をすれば、尾高長七郎を救う手立てもみつかるかもしれません。そのことを、渋沢栄一が喜作に話すと、もともと喜作にとって栄一は、安心して身を預けられる兄弟分なので、結局栄一の言葉に同意せざるをえませんでした。

そのような結論は出ましたが、倒幕を目指してきたふたりが、このまま一橋家に仕官するのはやはりばつが悪いので、再び平岡を訪ねた渋沢栄一は、意見書をさしだします。

「大義のため、こわいもの知らずで生きてきたわれら両名。いまさら、せっぱつまったからといって、仕官をねがうなどということは、はなはだおもしろくありませぬ」

「それでは、仕官いたさぬというのか」

「いいえ、いたします」

「おかしなことをいう」

「こういうことでございます。ただ仕官するにしても、われわれが困っているから一橋家で救ってやったというのでなく、われわれ両名に見どころがある。意見にきくべきところがあり、一橋家の役に立つ。だから、召抱えたということにしていただきたい。そのために、ここに意見書を用意して参りました」

栄一は一晩かかって書上げた意見書を、うやうやしく差出した。（中略）

二人が退出すると、平岡のふっくらした頬に、ふたたび微笑が戻った。投げた餌にすぐとびついてくるような男なら、むしろ興味はない。ひとりくつも、ふたりくつもひねりながら、腰を上げる男の方がおもしろい。

かつて平岡が一橋家に入るときもそうであった。近侍などという給仕人のまねごとなどできるものかと、さんざんごねたものである。

平岡はまた、京都へきて以来、人材登用の必要性をいっそう身にしみて感じていた。薩摩・長州・土佐など、有力諸藩を動かしているのは、いずれも、身分の低い下士上りの若手たちである。それに比べれば、一橋家も、幕府も、人材らしい人材が居ない。古い身分制度の枠の中で、家士たちはねむり、ねむりながら、くさっていた。若くて根性があり、頭の切れる若者が、欲しい。その手はじめの一人が、栄一である。栄一を入れれば、それが呼水となって、他の若者たちも集まってくるであろう。栄一のたのみが少々あつかましかろうが、平岡は目をつむって、きき届けてやるつもりになった。

平岡は、栄一が好きであった。浪士上りで、こわいもの知らず。物おじしないし、頭の回転もはやい。尊王攘夷でかたまっているようでいて、現実的な判断もできる。ぜひ、

栄一が欲しいと思った。（『雄気堂々』城山三郎）

幕府の追っ手が京都まで追ってきて、命が危なかった渋沢栄一が、普通の人だとパニックになっても不思議でない状況から「だるま」のように起き上がり、一橋家に召しかかえられるという、あとからみると彼の人生が開けていく大きな転機になるようにもっていったのは、彼のどういう脳の使い方から来るのでしょうか。

結論からいいますと、彼の脳のレベルの高さが、彼を救ったということになります。まず、左脳三次元のレベルが高い。つまり、物事の本質をつかむ脳の使い方が優れており、非常に高い視点をもっているということになります。

たとえば、それは喜作の脳の使い方と比較しても、すぐにわかります。喜作も志は高いのですが、倒幕にこだわり、事態を打開する知恵が出ない。しかし、渋沢栄一は視点が高いので、倒幕より高い視点、つまり日本を救うために倒幕があるわけであり、もし自分たちがこの難局を生き延びて、いずれ日本を救う存在になるのであれば、今すぐ倒幕することにこだわる必要はない、一橋家に入り、慶喜卿を動かして日本を救えばいいという、より本質的な考え方をもって、平岡に慶喜卿への建白書や謁見をお願いしました。決して自分たちの命が危ないから救ってくれという、自分たちのみじめさを糊塗するために、かっこをつけてしたような話ではありません。

また、右脳のレベルも高い。つまり過去に平岡と知己となり、彼への友情として偶然彼の命を助けたことが、平岡にかわいがられるひとつの原因となりました。そして、平岡は自分を雇いたくてしょうがないと考えていることをその場で見抜くと、どんどん自分を売りこむ方向にもっていく手腕も、後年企業内に生じたトラブルの調停を得意とした、渋沢栄一の面目躍如といったところです。

さらに、命が危ない危機に際してもこれほど頭が働くというのは、やはり、怒りっぽい喜作と違って、扁桃体をしっかりコントロールできている、だから冷静に現実と向き合い、一番いい解決策を思いつくことにつながりました。

この章の最初に、学ぶことが一番大事であるという論語の言葉を出しましたが、渋沢栄一の一番の特徴は、彼が経験した数多くの逆境から学んだことでした。今回のこの決断も、高崎城襲撃計画の失敗から、単に志をもつのみではだめで、それを実現するための力が必要だと痛感したから、倒幕を志としながら、幕府の中枢の一橋家に仕官するというコペルニクス的な発想の転換につながったと私は感じています。

算盤の必要性を痛感

このあと渋沢栄一と喜作は、一橋家で熱心に働きます。一橋家は上記のように、自分たちで動かせるお抱えの武士が少なく、それが問題だとみた両者は、関東の一橋家の所領で農民を含めた歩兵の募集を提案し、平岡の許可を得て、関東に赴きました（彼らが関東にいた間に、残念ながら平岡は暗殺されます）。

その時に、水戸の天狗党が挙兵したことを知ります。彼らは、日本をよくしようという志だけで経済的な裏付けもないまま挙兵し、最後はほとんどの人が悲惨な末路をたどりました。それをみた渋沢栄一は、生涯彼をつらぬく原則「論語だけではだめで、算盤の裏付けが必要だ」が身に染みてわかったはずです。

「経済の裏づけ」――これは生涯、栄一の頭の中にあった。それが一言でいえば彼を「平和論者」にした。といっても、それは決して「非武装中立・空想的平和論者」であったということではない。その点では平岡円四郎同様、「灰色」（註：開国と攘夷の間）であったろう。列強が日本を植民地化しようとしている現状に対抗するための防衛力の必要なことは彼も認めていたが、それは決して「経済的裏づけ」なしに行うべきではないと彼は信じていた。（『渋沢栄一　近代の創造』山本七平）

渋沢栄一は、仁も知も信も直も勇も剛もある男でしたが、彼はなにものにもこだわらず現実から学び続けたことが、彼の脳のレベルを大きく押し上げていきました。そして、彼は関西の一橋家の領地で大規模な農民兵の募集をした時に、人の動かし方と経済を実践で学びます。

渋沢栄一は、奉公した以上、仕事らしい仕事をしたいと考えました。そこで考えたのは、大規模な農民兵部隊の徴募編成という課題でした。一橋の兵力の主体は、相変わらず幕府や水戸藩からの借入れ部隊であり、これでは守衛総督としての実をあげることはできないし、一橋慶喜をいただいて天下に旗揚げするわけにもいきません。一橋の領地十万石の中、八万石は、備中、播州、摂津などの関西にあります。それら所領から、最終目標として、二大隊千名の歩兵部隊を編成しようという計画です。

それを、渋沢栄一は一橋慶喜の前に出て説明しました。兵力がいることは、蛤御門の変以来、一橋慶喜自身が痛切に必要性を感じていたので、渋沢栄一にそれをとりおこなう許可を与えました。渋沢栄一は、主君にはっきり請合った以上、なし遂げるまでは戻らぬ覚悟で、歩兵取立御用掛として京都を出発します。

最大の所領のある備中には、井原村に代官所が置かれていますが、摂津、和泉、播磨の三カ国に散る一橋領の代官所は、大阪に置かれています。渋沢栄一は、まずそこへ寄って代官たちに会いました。しかし、彼らは事なかれ主義で、これに関して全くやる気がないのを見抜きます。

その後、備中一橋領の中心地、代官所のある井原村の陣屋につき、毎日名主を集めて、募兵の趣を説明しました。全員かしこまってきいていますが、いくら説明しても、誰も応募者がいません。何かおかしいと気付いた渋沢栄一は、募兵をいったん中止しました。そして、物見遊山にでも来たように、のんびり近在を歩き廻り、評判のいい人に会ったり、畠で何をつくっているかのぞいたりしました。

また、撃剣家にも会いました。そこで、町道場の師範代と試合をすることになり、試合では自分の得意戦法である体当たりで、すさまじい気魄と共に相手のふところにおどりこみました。師範代ははずみで倒れ、動揺して剣で圧倒され、渋沢栄一はすごい剣士だという評判が立ちました。

興譲館という塾を開く、阪谷希八郎というその界隈《かいわい》では有名な漢学者も訪ねました。彼は開国論者であり、渋沢栄一は攘夷論者なので、書生たちの前で、攘夷・開国の得失を論じ合い、両者は意気投合しました。

渋沢栄一は剣術といい、学問といい、あっぱれであるという評判が広がり、近所の若者たちが、話を聞きに訪ねてくるようになりました。このように、渋沢栄一は、地域の人たちとの人間的ふれ合いを通じて、彼らの理解を深め、生きた情報を集めました。そのうちに、若者たちが、歩兵として応募したい、ぜひ京都へ連れて行ってくれ、と続々と応募するようになりました。そこで、渋沢栄一は、宿に名主たちを呼び集めました。応募してきた若者たちの願書を名主たちにつきつけ、名主たちを通じて一人も応募がないのは、何か志願させない力が働いているのではないかと彼らを問い詰めました。

栄一は、名主たちの眼をにらみつけて、いった。

「おれを、これまできたような一橋家の家来と同じだと思ったら、大まちがいだぞ。おれはただ食禄をもらって安穏にくらしているといった男ではない。この仕事だって、自分で考え、主君に請負って出てきている。命がけの覚悟できている仕事だ。おまえたちがあまりぐずぐずしていると、そのままにはすておかぬぞ。事としだいによっては、おまえたちの五人や十人斬殺すくらいのつもりだ」（中略）

栄一はまるい目をつり上げて一同を見渡してから、語調を変えた。

「おれは、このように覚悟を打明けて話した。だから、おまえたちも、包みかくさず、ほんとうのことを申立ててはくれぬか」

最前列の年輩の名主が、たまりかねたように声を上げた。（中略）

「近ごろ一橋家には成上がりの山師のような家来がふえて、村々へ種々面倒なことを申しつけてくる。一々そのいうとおりになっていたのでは、領民が難儀するばかりじゃ。なるだけ、敬して遠ざけたがいい。今度の歩兵取立てのことも、村の若者に希望者がいないといえば、それですむと……」（中略）

栄一は、次の日、代官所へ出かけた。

無事安泰をことともする役人をゆさぶるには、実はその無事安泰が怪しくなることを思い知らせればよい。栄一は、代官にいった。

「先日来、しきりに説諭しているのに、一向に応募者が現われないのは、志願する若者がほんとうに居ないのか、あるいは、自分の説得の仕方がまずいのであろうか」

栄一はそういってから、代官の眼を深々と見た。

「いや、それとも、代官であるあなたの平生の薫陶がよろしくないため、応募者が出ないということも考えられる。とにかく、そのいずれかに原因があるはずで、あなたにも、よくお考えいただきたいものだ」

栄一は、一息つくと、代官の眼をまっすぐ見たまま続けた。

「わたしも、この重大な使命を引受けてやってきた以上、不首尾とあらばなぜ不首尾なのか、その事情を徹底的に洗い立て、主君にも申上げるつもりである。その結果、あなたの日ごろの薫陶が代官たるにふさわしくないということが判明でもしたら、いかがなされる。その点、わたしはひとごとならず、御案じ申上げる。よくよく勘考されたい」

（『雄気堂々』城山三郎）


じっくり腰を落着けて滞在し、地元に溶けこんでいる渋沢栄一をみると、何かをつかまれたと代官は震えあがり、すぐに協力を誓いました。その後、渋沢栄一が、もう一度名主たちを呼んできくと、備中で予定していた二百人の人数が、たちまち集まりました。帰途、播州、摂州、泉州に寄りましたが、備中の様子がすでに知らせてあるので、代官たちは人数をそろえてさしだし、予定していた五百の歩兵が首尾よく集まりました。

渋沢栄一は京都に帰り、一橋慶喜に首尾を報告したところ、はじめて心のこもったねぎらいの言葉をきき、白銀五枚と時服一重ねの褒美をもらいました。その時のことです。


「ところで殿様、ひとつ建白したいことがございます」

「なんだ、また建白か」

栄一の建白には実績があるだけに、慶喜はにが笑いしながらも、きく気になった。

「各御領内を廻ってみまして、理財の面で考えることがございました……」

栄一はきり出した。

出張中も栄一は、ただ歩兵取立てという用向きだけを考えて、ぼんやり時間を過ごしていたわけではなかった。見るもの聞くものを心にとどめ、海綿のように情報を吸上げてきていた。その結果として、栄一は、少し経済の仕法を変えれば、一橋家の財力を強める方法がいくつかあるのに気づいた。

まず、米。播州・摂州からは上米がとれる。年貢として納められたその上納米を、兵庫の蔵宿に任せてさばいているが、これを藩が直接、灘や西宮の酒造家相手に入札で売れば、一割以上の増収になりそうだということ。

次に木綿。播州には、上質の晒《さらし》木綿がたくさんできる。それがばらばらに売られているため、木綿商人に買いたたかれているが、これを藩で適切な値で買上げてやり、まとめて大坂や江戸で売るようにすれば、領民のためにもなり、藩の増収にもなるということ。

第三に、備中では硝石がとれる。時節柄、硝石に対する需要も多いが、これを個人で細々とやっているのをやめさせ、藩で元金を出し、製造所をつくって大々的に生産し販売するようにしたらよい——。

「ふん」

「ふん」

慶喜は、また例のような返事をしながら、きいていた。ただ、慶喜の瞳の中には、栄一の姿が大きくはっきりうつっている。（心にくいことをいう男だ）と、慶喜は思った。この若い建白魔がいよいよ気に入った。よく勉強するし、自分で仕事をつくってくる。しかも、軽輩ながら、一橋家の明日の姿を考えてくれている。

（平岡は、いい家来を見つけてきてくれた）（『雄気堂々』城山三郎）

一橋慶喜は、自分が思うように行動するには、経済的自立の必要のあることを、京都に来て身にしみて感じていました。貧乏公卿を操る金まで一々幕府に出してもらっているようでは、背後に経済力の裏付けのある薩摩や長州の気ままな振舞いを抑えることはできません。渋沢栄一は、年は若いがもともと百姓でも商人でもあり、理財に長けています。しかも、今回の件で大きな実績を上げています。異例の出世ではありますが、一橋慶喜は渋沢栄一を大抜擢することにしました。

幕府の追っ手に追われて命が危ないところまで追いこまれていた渋沢栄一の人生が、一気に上昇気流に乗る転機になった出来事でした。

脳を使いたくてしょうがない男

脳からみると彼は、現場に飛びこんで自分の脳を使いたくてしょうがない男のように感じます。子供の頃からそれを積み重ねてきたことが、人生においてどん底だった時期に、大きく人生をいい方向に展開させるにつながりました。

論語にこういう言葉があります。

「冉求《ぜんきゅう》曰く、子の道を説《よろこ》ばざるに非ず、力足らざればなり。子曰く、力足らざる者は、中道にして廃す。今、汝《なんじ》は画《かぎ》れり」（出典：雍也第六・12）

（訳）冉求が言った。「先生の教え（道）をうれしく思わないのではありません。私の力量が不足しているのです」孔子（先生）はおっしゃった。「力量が足らないのならば、途中で投げだすはずだ。今、お前は自分で見切りをつけている」

渋沢栄一の特徴は、いいと思ったことに対しては、彼の剣のように、まず全身全霊で飛びこんでいくことです。代官のように自分はこんなもんだと安住し、自分をみかぎっているような脳の使い方は、彼にはみじんもありません。まず現場に飛びこんで、現場で観察した問題点を解決するように行動していくので、彼の脳の使い方はどんどん進化していきます。今回の件でも、若いにもかかわらず、非常にレベルの高い彼の脳の使い方が随所にみられます。

まず、彼の脳の使い方の大きな特徴は、右脳二次元のレベルが高い、つまり人間関係を非常に重んじ、人と深い関係を築くことから自分の思う方向にもっていこうとすることです。一橋慶喜に仕えている以上なんとか彼の役に立ちたい、そのために大きなリスクを背負うにもかかわらず、歩兵取り立てを建白します。

そして案の定、自分の身の安泰しか考えていない代官に足を引っ張られますが、彼のすごいところは、そこでいったん歩兵の募集を停止して、まるで物見遊山に来たように、地元に腰を落ち着け、地元の様々な人と交流をはかったことです。

彼が不安や恐怖によって活性化する扁桃体を完全にコントロールしているからこそできる発想の転換であり、コントロールできていない人は、強いストレスがあると動き回って往々にして自滅することになります。

彼はそれと違い、強いストレスがある時は、そこから離れて冷静になり、より本質に戻る、ここでは地元の人と交流して人間関係を作るとともに、仕事に関する情報を得る、その一見迂遠にみえることが、結局ストレスを乗り越える大きな力となったことがわかります。

もし代官が有能で、すぐに歩兵が集まればここまでする必要がなかったでしょうが、むしろ彼が地域に溶けこんで情報を探らざるをえない立場に追いこまれたことが、歩兵を取り立てることのみならず、領内の経済の活性化や人材の発掘という、一橋家にとってはより本質的な提案ができることにつながりました。

領内の人たちとの深い交流は長い年月続き、その後、興譲館の阪谷の息子が、渋沢栄一の娘婿になるというところまで発展することになりました。彼が後年、情報通といわれるようになるのは、このようにまず右脳を使って現場に飛びこみ、深い人間関係を作るとともに、現場での行動を通して、既成概念にとらわれずに現場を観察し、そこから帰納的に本質をつくという、日本人の一番得意な脳の使い方をしていることが大いに関係しているように思われます。

実は、今世界一の品質を誇るトヨタも、現場主義であり、現場から本質をみることが、弱小の町工場から世界一になった本質的な理由でした（このことは拙著『トヨタの脳の使い方』で詳しく書きました）。

渋沢栄一は現場に溶けこみながら、左脳もレベル高く使って、現実で結果を出していきます。名主や代官を、硬軟織り交ぜた見事なレトリックで彼らの首根っこをつかみ、自分の思うように動かしていきます。

後年、彼は、企業がもめた時に何度も調停役を頼まれ、絶妙のタイミングで動き、見事に結果を出していきますが、その萌芽が今回のエピソードにもみられます。そして、彼は使いやすい人になれと後年のべたことがありますが、一橋慶喜からみてこれほど使いやすく頼もしい部下はいなかったでしょう。彼が異例の出世をするのも、彼くらい一橋家の将来を考えて提案し、実行する人間が他にいないからでした。

そして、歩兵の取り立てという目的で行ったにもかかわらず、いかに経済力をつけるかという彼の一番得意な分野での活躍が、ここから始まりました。

彼は論語をつきつめれば算盤に行くと明治になってからのべますが、今回のエピソードをみると、彼のもつ人に対する優しさ、それは論語の訓えも大いに関わっていると思いますが、それが結局彼を武に行かせずに経済に向かわせました。つまり経済は、優しさが背景にあると、一橋家やその領民を救うのに大いにプラスになると彼が今回の件で感じたことから、彼の経済への傾斜が始まったのではないかと私は思いました。

渋沢栄一のもつ優しさは、脳からいうと視床下部から来ているように思います。視床下部はオキシトシンと関わり、母親的な包みこむような優しさと関わっていますが、彼が一橋家や領民にしっかり根をおろして、彼らが幸せになるように働き、母親のような存在になっていくのをみると、彼は視床下部のレベルが非常に高いのではないか。

そして、おそらく視床下部のレベルが高くなると、すべてのものをいかすような母なる自然のもついい波動と共振し、エネルギーがどんどん上がっていくのではないかと私は感じました。

論語にこういう言葉があります。

「子曰く、これを知る者はこれを好む者に如《し》かず。これを好む者はこれを楽しむ者に如かず」（出典：雍也第六の二十）、

（訳）「ものごとを知識として知っているだけの者は、これを愛好する者におよばない。さらにこれを愛好する者は、楽しんでこれと一体になっている者にはおよばない」

脳からいうと、知ることは左脳が関わり、愛好することは報酬系のドーパミンが関わり、楽しむことは視床下部、たとえばβエンドルフィンやオキシトシンが関わっていると私は考えています。

つまり渋沢栄一が、歩兵取り立てが行きづまった時に、物見遊山をしたり、領民と親し

く交わってのんびりと過ごしたのは、もちろん情報を得るための計算もあったでしょうが、どちらかというと彼は、どんな苦しい状況でも、視床下部を使って楽しむことを一番重要だと考えていたように私は感じます。

楽しんでいる人間には、自然と人は寄ってくるものです。それが究極の人集めといってもいいのではないでしょうか。なぜならば、楽しむことが、一番視床下部を活性化して幸福感につながり、そういう人と接すると、人間は幸福の波動を感じ、自分のもつ幸福につながる波動と共振共鳴するものだからです。彼は若くして、脳の使い方の達人、生き方の達人であったと私は思います。

そして一橋慶喜の抜擢により勘定組頭になった渋沢栄一は、大阪において、彼の将来に密接に関わる経済に関して、重要なことを学びます。

彼は慶喜の臣となり、勘定組頭となって、さまざまな方面と接触しかつ交渉し、直接、間接に経済の仕組みを知る機会がなかったら、後年パリに行って銀行や株式取引所を見学しても、その実態や現実の機能をすぐ理解する素地は得られなかっただろうと思う。

というのは彼がいかに父の市郎右衛門から経営者として厳しく教育されたといっても、それは今でいえば地方の中小企業の経営者になるための教育のようなものである。たとえその「名人」になっても、日本全国の経済に影響を与える金融や商品取引、流通機構全体の機能がわかったわけではなく、簡単にいえば日本銀行総裁や東京証券取引所長がすぐに務まるわけではない。そして当時、そういった機関の中心は大阪で、ここにはすでに寛文二年（一六六二年）から「十人為替」という中央銀行のようなものがあったし、米・油・綿・塩の会所（常設取引所）があって十八世紀にはすでに高度の先物取引にさえ発展し、特に米については独自の先物取引の制度があった。（中略）

そういう不思議な先進性が当時の大阪にはあった。さらに為替手形、小手形（約束手形）、振手形（小切手）、預り手形なども流通していた。栄一は勘定組頭として直接に間接に、こういった経済の仕組みを実地の場で学ばざるを得なくなったわけだが、これは将来の彼の飛躍の基礎となったであろう。パリに行った時、確かに彼は驚いている。しかしそれは決して「理解し得ざるもの」を見た驚きではなく、「日本より何と大がかりで能率的にやっているのであろう」といった驚きにすぎない。前にも記したが、彼は別に「パリで開眼した」のではない。今まで経験で学んできたことを、ここで「西欧先進

国タイプに整理しなおした」だけなのである。（『渋沢栄一近代の創造』山本七平）

渋沢栄一は、現実（右脳）から本質（左脳）に行く帰納的な脳の使い方が非常にすぐれています。その現実における経済が、血洗島村から大阪、パリへと規模がどんどん上がるにつれて、一見全く違うものに接しているようにみえますが、その本質は共通している、つまり経済の基本には信用が必要である、それが論語と算盤という言葉に凝集したように私は考えています。

土方歳三と共鳴できた理由

しかし、彼はまた挫折します。徳川幕府の命脈は誰がみてもつきているので、ずっと彼が反対してきた将軍職につくことを、よりによって徳川慶喜が承諾してしまったのです。倒幕を目指してきた渋沢栄一が、あろうことか幕臣となり、しかも陸軍奉行所支配調役という閑職につくことになりました。そこで彼は絶望して、この先どうしていいのかわからない、どこかに死に場所を求めるしかないと思うようになりました。

陸軍奉行所は、軍人関係の元締めの役所ですが、渋沢栄一はその庶務係で、書付けを書いたり、調べものをしたりという仕事であり、やる気十分の彼にとっては全くやりがいのない部署でした。しかも、そこの森という組頭は、要領よく立廻るだけの小利口な江戸っ子なので、栄一とは全く肌が合いません。

その組頭の森が、ある日、渋沢栄一を呼びました。彼がいうには、禁裏御警備に当たっている大沢源次郎という御書院番士が、薩摩との間にひそかに文書のやりとりをしており、何事かをたくらんでいるので、京都町奉行所で吟味したい、しかし、大沢は陸軍奉行所支配の者なので、この陸軍奉行所の手でさしだすよう頼まれたとのことでした。

つまり、志士上がりで命知らずの渋沢栄一に、腕も立ち、共謀者もいて、武器を蓄えているであろう大沢の捕縛という、命がけの危険な任務を押し付けようとしたのでした。しかし、あまりに危険な任務なので、新選組を同道させ、彼らに捕縛を任せて、立ち合えばいいと付け加えました。

渋沢栄一は、幕府の役人など腰ぬけばかりだと、あらためて軽蔑もしましたが、行き先に絶望していたので、いつ死んでもいいという怖いもの知らずの心境で、引き受けることにしました。

渋沢栄一が新選組本営に行くと、隊長の近藤勇が、大沢捕縛のため、副隊長の土方歳三と五人の隊士を彼につけてくれることになりました。大沢は、北野の小さな寺を宿所としているので、最寄りの大徳寺の僧坊のひとつに渋沢栄一らは入り、密偵からの報告を待ちました。その時、渋沢栄一と新選組との間に、大沢を捕えるのにどちらが主導権をとるかについて、口論が起こりました。

栄一が、あくまで自分ひとりで大沢に会って、逮捕する旨いいきかせるというのに対し、新選組隊士たちは、

（それでは大沢に斬られる。まず新選組がふみこんで大沢を捕縛するから、その上で、逮捕の趣旨を申しきかせるがよい）という。

栄一は、まるい顔を横に振った。

「おぬしたちは護衛。逮捕の申渡しはわたしの使命でござる。もし大沢が斬ってくれば、こちらにも受ける自信があるから、安心めされい」

栄一は胸をはった。

御家人の中でも剣が立つといわれた大沢である。田舎の撃剣の師匠を相手にするのと

ちがい、栄一の体当たり戦術が通用するとは思えない。しかも、真剣の勝負である。だが、栄一は頓着しなかった。（斬られて、もともと。それも、いまの自分にふさわしい最期かも知れぬ）と、内心思っているだけに、平然として強がりがいえた。

栄一は加えていった。

「それに、もし大沢が斬りかかれば、自ら罪状のあることを白状するようなもの。たとえ斬られても、使命には好都合でござる」

隊士たちはとまどった。栄一が死神歓迎の気持で居ることなど、隊士たちは知るよしもない。珍しく、きものすわった幕臣が居ると、おどろきながらも、

「いや、貴殿に万一のことがあっては、われらの護衛の役が立たぬ。新選組の面目がまるつぶれになります」

そろいの浅黄の羽織、そろって不敵な面がまえ。血のにおいのする男たちばかりである。

その男たちが、陽やけした額に筋を立ててつめ寄ってきても、栄一は平気であった。こわいもの知らずの栄一には、新選組も何もない。

「護衛が先か、使命が先か。おのおの方も武士なら、それくらいのことが、わからぬの

か」

副隊長土方歳三は、腕組みして双方の言い分をきいていた。つやのある黒々とした総髪、役者のような顔。

土方は隊士たちを制し、腕組みをとくと、

「渋沢氏のお言葉、武士として、まことにおみごとでござる」

栄一に向って、ていねいにいった。(『雄気堂々』城山三郎)

渋沢栄一の、怖いもの知らずの心中を知るはずもないので、土方歳三はすっかり感心し、渋沢栄一がまず大沢に会い、捕縛の由を申し渡し、その後、新選組が飛びこむ手はずになりました。大沢が反抗したらひとたまりもない状況でしたが、渋沢栄一が大沢の家に踏みこみ、捕縛することを申し渡したら、彼は意外におとなしくそれに従いました。奉行は、渋沢栄一が大沢捕縛に成功した報告に満足し、羅紗の羽織を褒美として渡しました。

これらは、倒幕に命をかけていた渋沢栄一が、主君の慶喜が将軍になり目標を見失い、絶望していつ死んでもいいと思った時のエピソードですが、ここで面白いのは、そのような心境は、つらいと同時に楽しいことに彼が気づいたことです。

生に執着しなくなると、扁桃体（不安や恐怖に関与）が足を引っ張らないので、逆に頭全体が働くようになるのです。そのため、自分の役目を命の危険があるにもかかわらず果たそうと主張することで、周囲から武士として尊敬を受けるようなことが、ストレスなく自在にできることに、おそらく彼はここで気づいたのではないでしょうか。

それが近藤勇や土方歳三といった、やはり元々出が武士でないことで武士らしく生きようとした人たちと心の底で共鳴することができた要因であり、かたや武士の出の幕府の役人が、平和ボケして扁桃体をコントロールできていないので、武士らしからぬ小心さが対比されて秀逸に描かれているエピソードでした。

やはり人間は若い頃に厳しい目に遭わないと、扁桃体をコントロールせざるをえないような状況に追いこまれないので、若い頃にそのような厳しい経験のない人は、ちょっとしたストレスでも扁桃体に足を引っ張られ、困難から逃げるようになることを示したような話だと思います。

成功した人の二代目は、苦労していないのでどうしても甘いところがあり、家が傾きやすいのも、脳からみると同じような話になるかと思います。おそらく視床下部を中心とした人間の脳のエネルギーは三十代までがピークであり、それまでに死ぬような厳しいストレスを経験すれば、視床下部がストレスを乗り越えようと強く働いて、エネルギーがさらに上がり、扁桃体をコントロールできるようになるのでしょう。

逆に三十代まで厳しい経験から逃げてきた人は、四十代以降エネルギーが落ちるので、扁桃体をコントロールできず、困難から逃げるしかなくなるのでしょう。

パリで学んだこと

自分を取り巻く状況の変化によって、死に場所を探すほどであった渋沢栄一でしたが、ある日、驚くような話が舞いこんできます。


その年（慶応二年）十一月二十九日、栄一が沈滞した気分に浸っているとき、原市之進から思いがけない話がもたらされた。

栄一が出向いてみると、一橋付用人から幕府御目付となっている原は告げた。

「余の儀ではないが、来年（一八六七）フランス国で博覧会が催されることになった。

各国の帝王も皆フランスへ会同されるということだ。ついては日本からも大君（将軍）の親戚を派遣するのがよかろうと、フランス公使（レオン・ロッシュ）が建言したので、いろいろ評議のうえで、水戸の民部公子《みんぶこうし》をおつかわしになることにきまった」

民部公子とは慶喜の弟、徳川昭武（一八五三～一九一〇）である。昭武は徳川斉昭（一八〇〇～六〇）の第十八子で十五歳であったが、元治元年（一八六四）に上京し、同年七月の禁門の変には九門内を守衛し、民部大輔に任ぜられ、のちに従四位下左少将となった。慶応二年十二月に清水家を相続している。

民部公子には外国奉行もつきそってゆくが、慶喜は博覧会の式典に出席させたあとも、五年から七年ほどフランスに留学させるつもりでいるという。

「それで供もあまり多人数は連れてゆけぬ。ところがこれまで民部公子につきそってきた水戸の連中が、公子をひとりで外国にやるということは承知せぬ。それでやむなく七人だけ召し連れることにしたのだが、この者らはもとより洋学など志すどころか、外国人を夷狄禽獣《いてききんじゅう》と思っている頑固なのが揃っている。

民部公子の御傅役《おもりやく》には、幕臣の山高石見守という人が命ぜられるが、これも洋学とは縁がない。

それで上さまのご内意では。篤太夫（註：渋沢栄一の別名）こそ適任で、先の望みをかけることもできようとの御沙汰だ。拙者もさすが上さまの御人撰はするどいものだと、感服いたしたしだいだ。君命をすみやかにお受けいたせ」

栄一は、体が宙に浮いたような気持ちになった。気がたかぶって、夢を見ているのではないかと、袴のうえから膝をつねった。

僥倖《ぎょうこう》というものは、不意にくるものだと思いつつ、声を震わせ、畳に額をすりつけ答えた。

「ただちにお受けいたします。ぜひおつかわしを願いあげます。いかなる艱苦《かんく》も決していといませぬ」（『小説　渋沢栄一』津本陽）

攘夷のため横浜を焼き討ちしようとした渋沢栄一が、それからわずか四年たっただけで、パリに行くのを命ぜられてこんな幸せはないと感激する、このことは彼の脳がいかに柔軟であるか、現実をみて常に考え方を進歩させていくことの証左のように思います。

彼は、一橋慶喜が、攘夷のふりをしながら、海外のものを実は積極的に受けいれ活用しているのに触れ、次第に西洋の文明に学ぶべきだという方向に考えが変わっていきました。

その矢先に、このようなチャンスがめぐってきたわけであり、ちょうどそのタイミングで彼が欧州に行ったことは、彼にとっても幸運でしたが、明治以降の日本にとっても大変幸運な出来事となりました。

一八六七年二月十五日、渋沢栄一は仏国郵船アルヘー号に乗りこんで横浜を出発します。最初の寄港地である上海で、西洋と中国の文明に同時に触れた彼は、衝撃を受けます。

栄一たちが目にしたこの西洋風の町並みは、欧米列強が武力にものをいわせて清国に開場させた上海の租界と、そこにつながる港だった。日本にも、築地や横浜の居留地には西洋風の建物がすでにいくつか建ってはいたが、その多くは二階建ての木造建築だったので、本格的な石造りの大邸宅が並ぶ上海の租界の近代的町並みは、栄一たちにとって、西洋との初の「接近遭遇」だったわけである。

しかし、栄一が心底驚いたのは、こうした石造りの町並みではなく、そこに設置されていた電線やガス燈などの文明の利器だった。（中略）

しかしながら、栄一の観察眼が鋭いものであればあるほど、ヨーロッパ租界以外の中国人街の無秩序と混乱は、耐え難いものと映ったようだ。（中略）

欧米人の尊大さと中国民衆の卑屈さ、および圧倒的な文明の格差は、この時期に上海を訪れた尊王攘夷の志士たちに、一様に強い衝撃を与えずにはいなかったようだ。

なかでも、栄一と一脈通じるところのあるプラグマティスト高杉晋作は、文久二（一八六二）年、日清貿易交渉のために幕府から派遣された千歳丸に、勘定方役人の従者として乗り込み、太平天国の戦争の真っ最中だった上海で、ほぼ同じような体験をする。そして、頑迷な攘夷も安易な開国もともに拒否する現実的なナショナリストとなって帰国し、奇兵隊を組織する。上海は、柔軟な頭脳をもった高杉晋作にとって、世界史の流れをいっぺんで教えてくれるばかりか貴重な教訓をも授けてくれるまたとない学校だったのである。（中略）

中国は、四書五経で育った栄一の世代の人間にとって文字通り「知のバックグラウンド」だった国である。その偉大なる中国が自らの知的な怠慢さと事大主義によって、いまや欧米列強のいいなりになろうとしている。

こうした状況は、昨日まで尊王攘夷を叫び、日本は神国だと信じて、横浜居留地焼き討ちを計画していた栄一にとって、悪夢の続きを見せられているような気がしたにちがいない。もしあのとき、焼き打ちが成功していたら、いったい日本はどうなっていたか。

その答えが眼前にあった。にもかかわらず、国内では、幕府・反幕を問わず、清国と同じような夜郎自大な考えがまかり通っている。もしかしたら、自分が帰国したときには、日本も、今の上海と同じようになっているのではないか。（『渋沢栄一　算盤篇』鹿島茂）

渋沢栄一や高杉晋作のように、現実から本質をすぐにつかみ取れる脳の使い方をしている人間にとって、上海は、へたすると未来の日本になるかもしれないという、背筋が寒くなるような場所だったに違いありません。その危機感から、高杉晋作は西洋に対抗するため、武士のみならず様々な階級の人で構成された奇兵隊をつくりました。

一方、渋沢栄一は、西洋に対抗するため、西洋の力の背後にある様々な産業を日本にできるだけ早く導入し、算盤の力で上海の二の舞にならないようにしようとこの時に思ったことでしょう。

そして、一行はインド洋、スエズ運河、地中海を通り、フランスに上陸してパリに着きます。そこで、栄一は事務方として、一行の世話全般を引き受けながら、貪欲に西洋文明を学んでいきます。

渋沢栄一が書いたり喋ったりした言葉を読んでいると、つくづく、この人はやはり天才だったんだなと思うことがある。なんの天才かというと、ある現象なり事件を前にしたとき、すべての夾雑物《きょうざつぶつ》を取り除いて、一気にその核心を衝く帰納的能力の天才、見えざるシステムを見抜く天才である。（『渋沢栄一　算盤篇』鹿島茂）

彼の脳は、右脳という現実から、左脳三次元の本質に行くような使い方になります。彼は欧州で多くの事物をみましたが、その中で彼が見抜いた、欧州の本質的なシステムに関するエピソードをとりあげたいと思います。

まず、万国博覧会を開催した皇帝ナポレオン三世が信奉していたサン・シモン主義という思想があります。これはひとことでいうと、産業がどんどん富を生みだすことにより貧しい人をなくし、富める人も貧しい人も、豊富な富を基にした世俗的な幸福を追求することで、両者の調和を図ろうという発想です。

そのためには、金銭の流通を促す銀行と株式会社、物の流通を促す鉄道と水運を整備する必要があります。これらが同時進行することで社会は豊かになりますが、それを産業皇帝といわれたナポレオン三世が国策として推進することで、フランスは一気に豊かになりました。

ちょうどその時期に渋沢栄一は渡仏したわけであり、その成果を彼は目の当たりにすることになります。彼がその後日本に帰って行ったことは、サン・シモン主義を（彼はその思想は全く知らなかったでしょうが）、日本に植え付けようとしたことに他なりません。

欧米と対等になるには、欧米の本質となるシステムを導入することが王道だからです。そして、その当時欧米に行って、彼らが世界を制覇したシステムの本質を見抜き、それを本格的に導入しようとしたのは、渋沢栄一ひとりといっても過言ではないでしょう。

そのような産業へのこだわりは、フランスのみならず、渋沢栄一が歴訪した欧州各国でみられました。

ベルギー皇帝レオポルド二世は、栄一に強い印象を与えた。九月九日、晩餐会に招待された席上、皇帝は民部公子と談話を交した。栄一は末席で通訳官シーボルトの言葉を聞き漏らすまいと、耳を澄ました。

皇帝は昭武をまず褒めた。

「お若いお年頃で、よくはるばるとヨーロッパまでご勉強に参られたのには、感心いたします。さて、ベルギーにおいでになってのち、どこをご覧になりましたか」（中略）

「リエージュの製鉄所を見ました。その規模の広大であることにおどろきました」

皇帝は笑みをふくみ、幾度もうなずき満足した様子でいった。

「外国を歴訪されるときには、人情風俗を研究するのも結構でしょう。しかし、その国の産業を視察するのは、もっとも必要なことと思います。公子はお年若であるにもかかわらず、今から工場を視察されるのは、たいへん有望なお心掛けである。将来日本国のために有為の人物になられるに違いありません」

皇帝は昭武をおおいに賞揚し、自国の製鉄業につき、宣伝するような説明を口にした。

「将来の世界は鉄の世界であります。製鉄事業のさかんな国家は、かならず隆盛をきたします。鉄を用いることのすくない国は、現状を見てもかならず弱国であり、将来は衰亡に向かうでしょう。

鉄を盛大に用いる国は強大になり、その国家も富むことになります。私は日本の国情を詳しく知りません。鉄鉱石が生産されるか、製鉄事業がどのようにおこなわれているか知りませんが、日本を強大、富裕にするためには、かならず鉄を多用する国としなければなりません。

　あなたは将来日本の指導者となる方であると聞きますが、よく私の意見を記憶されたい。日本が将来鉄を用いるようになれば、ベルギーの鉄は高品質で生産量が豊富であるので、ぜひお買い入れ下さい」（『小説　渋沢栄一』津本陽）

　国王が率先して産業の育成と商品の売りこみをすることに、渋沢栄一は日本と全然違うと大変驚き、昭和四年に昭和天皇に謁見した時に、このことの可否をお聞きしたところ、昭和天皇は笑って答えなかったという逸話が残っています。

　欧米が左脳に徹して世界を制覇したので、国王が商品を売りこむのは当然といってもいいでしょうが、右脳的な日本からみると、非常に違和感があるのも事実です。実際レオポルド二世は、コンゴの植民地政策などで人道にはずれたことをし、決して評判のいい国王ではありませんでした。


　さて、ナポレオン三世の命令で、民部公子の教育や身辺の世話を、騎兵のヴィレット大佐と銀行家のフロリヘラルトが行っていました。フロリヘラルトは、渋沢栄一の財務を手伝いながらフランス経済に関することを教えており、現場で実践的にフランスの経済の仕組みを手取り足取り伝えた教師にあたります。

そのヴィレット大佐とフロリヘラルトが、全く対等に付き合っているのを目の当たりにして、渋沢栄一は大きな感銘を受けます。

この短い昭武の留学期間に、彼に、ある種の方針を生涯を通じての生き方として決定するようなことが起こっている。だがそれは、今の人が見ればまことに何でもないことのようだが、今でも完全には清算されていない「官尊民卑」という日本の伝統の打破である。言うまでもなく徳川時代の「官」とは武士であり、「民」とは「農工商」である。特に「商」は最下位のはずであった。それを常識とする世界から見ればヴィレット大佐はいわば「侍大将」、おそらく千石取りぐらいに相当する。一方フロリヘラルトは「両替商」すなわち「商」である。（中略）

ヴィレットとフロリヘラルトの関係から、「官民対等」であらねばならず、日本も是非そうしなければならぬと思っても、彼はその達成が、西欧思想の日本への移植によって可能になるとは思っていなかった。彼は、学問や思想、さらに極言すれば空理空論からヨーロッパを見ていたのでなく、あくまでも「実務」を通じ、同時に彼らの言動に接することによって書物上のヨーロッパではなくその現実を見ていた。当時、幕府が派遣した留学生の中で、彼のような体験をした者はなかったであろう。

と同時に、彼のように、藍と養蚕を業とする農民の子に生まれ、十三歳のときから集金にまわり、さらに、一橋家の勘定組頭として、藩米の売却、藩札の発行等の実務を通じて日本の経済的仕組の実体を知っている者もいなかったであろう。（中略）「徳川的町人から近代的経営者へ」という目的から、幕府が特に「町人の秀才」を留学に出した例は、私が探してみた限りではない。皮肉な言い方をすれば栄一は、予期せざる唯一の「経営者的農民からの留学生」だったわけである。従ってこの留学生の目のつけどころは、昨日まで「尊王攘夷」を叫んでいたが、今日から「自由民権」を叫ぶといったようなタイプの者とは全く違っていた。（中略）

慶応三年という時点で、彼がヴィレット大佐とフロリヘラルトの関係を見て強く感じたことは、武士と町人の対等化・同格化ということであった。では一体どうすればよいか。それには「合本組織」しかないと彼は見た。彼は「合本法」とか「合本組織」とかいう言葉を使っており、これは大体「株式会社」の意味である。だがそれは彼にとって、単なる経済的手段ではなく、達成さるべき状態へ到達する手段であり、それなるが故に、それが自己にとって経済的に有利か不利かは問題外であった。(『渋沢栄一　近代の創造』山本七平)

渋沢栄一は、右脳主体、つまり現実ありきで、現実の中で左脳三次元を使い本質をみるタイプでした。幕末に留学した他の武士のような、左脳主体、つまり尊王攘夷や自由民権という思想があり、それを基に行動するタイプとは全く違います。

そのため、彼は現実で結果を出すことに重点を置いているので、武士と町民を対等にするという彼の志を果たす方法を、フランスの現場で経験したシステムから考え、合本主義つまり株式会社しかないという考えに至ったのでした。

株式会社や銀行をつくれば、たとえお金をあまり持っていない町民でも、多くの町民が参加すれば大きな資本をつくることができ、それを原資に産業を盛んにすることで、産業中心の社会に変えていく大きな原動力になります。そうすると、資本を出した町民たちが強い発言権をもつことができ、フランスのように官と民が対等につきあうことが可能になります。そして、明治以降、彼が多くの会社をその志によって興すことで、実際その方向に日本は舵をきって行くことになります。

そして日本は、民部公子の留学中に戊辰戦争、明治維新へと時代は急激に変わり、民部公子は水戸藩主の病状の悪化もあり、留学を切り上げて日本に帰らざるをえなくなります。

慶喜への忠義と新政府への協力

日本に帰国後、渋沢栄一は民部公子の手紙を携えて、静岡の駿府藩で謹慎している、徳川慶喜に会いにいくことになります。そこで渋沢栄一は慶喜の返事をもらい、それを持って水戸の民部公子のところに行き、その後、静岡に戻って慶喜に仕え、彼を少しでも助けようというつもりでいました。

しかし、事態は思わぬ方向に行きます。返事をもらう代わりに、駿府藩の中老である大久保忠寛より、藩の勘定組頭を命じられます。そのつもりは全くない渋沢栄一は激怒し、大久保忠寛に直談判しに行きます。そこで、このようになったいきさつを、彼から聞くことになります。

「おまえが水戸の昭武さまからご親書を預かり、前公（註：徳川慶喜）のご返事をいただいて一日も早く水戸へ赴きたいということはよくわかっている。また水戸の昭武さまからもおまえをぜひ水戸に寄越して欲しいという正式な依頼がきている。しかし前公のお考えは違う」

「どう違うのですか？」

「前公は、おまえが水戸へいけば余計な苦労をするとお考えだ。昭武さまのまわりにはまだまだ頑固な攘夷論者がたくさんいる。そんなところへおまえがのこのこ出掛けていったら、おまえが攻撃されるだけではない、昭武さまにも累が及ぶ。前公はそんなことをさせては昭武がかわいそうだ、篤太夫（註：渋沢栄一）もかわいそうだ。だから篤太夫をここにとどめ、水戸には別の者をさし遣わすようにとの仰せだ。前公はそれほどおまえのことを心配しておられるのだ。逆恨みするな。前公のお気持ちをお受けしてここに残れ」（中略）

栄一は手をついた。

「浅はかでした。前公がそこまで深いおぼし召しをお持ちとは、まったく気がつきませんでした」（中略）

栄一の胸の中にはすでに、

「旧徳川武士団の困窮を救うために、ここで一番事業を興してやろう」

という気が起こっていた。しかし単なる財政再建ではない。

「赤字をなくすだけなら商人でもできる。武士がおこなう以上、精神的な支柱が必要だ」

と考えた。それが、かれがここ二、三日間に経験した、

「ここにできた小さな幕府とそこに巣食う小役人たちの根性」を一挙に叩き直すような事業を興そうということである。パリでみてきた〝公共事業〟の日本への移植だ。それを〝和魂洋才（芸）〟の精神を発揮して日本風にアレンジしようと企てた。そのアレンジがいま口にした、

「論語とソロバンの一致」

という象徴的な考えかたであった。

直接栄一にそういう気を起こさせたのは、ここへきてからの藩役人たちのかれに対する態度だった。したがって、憤りが動機になっている。が栄一は、

（この動機は、けっして私憤ではない。むしろ義憤だ。公憤だ）

と思っていた。（『渋沢栄一　人生意気に感ず』童門冬二）

渋沢栄一は、右脳二次元が主体、つまり恩義を大切にする人です。彼が徳川慶喜に出会い、再三再四彼の将来をも慮って登用してもらったことが、彼が歴史の表舞台に出る最大の要因になりました。そのため彼は後年、徳川慶喜の汚名をはらすために、幕末何があったかを本人の口から語ってもらい、徳川慶喜の真意はどこにあったかに関する本を編集することになります。

渋沢栄一は、扁桃体がコントロールできているので、扁桃体が感じる憤りを義憤、公憤に変えることができ、扁桃体の強烈なエネルギーを、世の中をよくする方向に使うことができます。これが彼の脳の最大の強みといっていいでしょう。

理不尽なことをされて転んでも、ただでは起きないという心意気です。それが、彼の得意な分野、論語と算盤を結び付け、駿府藩の徳川武士を救うために、日本初の合本会社を設立する運びとなりました。

合本会社の出資金は、藩だけではなく、藩内の士民からも広く募り、それを基に製茶、養蚕などの商工業者への貸付けや米や肥料など、手広く商売を行う商法会所を設立し、大阪や横浜、東京まで出向いて精力的に活動を始めました。

ところが、商売も順調に進み軌道に乗ってきた設立半年後に、新政府に出仕せよという召状が朝廷から突然届きました。せっかく商法会所が軌道に乗りだした矢先であり、薩長の新政府に勤める気にもなれない渋沢栄一は、断るためにやむなく東京に出ることになりました。そして新政府に出頭したところ、「租税正に任ず」という辞令を渡されます。

断ろうにも責任者になかなか会えないので、大蔵省の実質的な責任者である大隈重信の邸に断りに行きました。渋沢栄一が、自分は静岡で商売を始めたところであり、外国へ行ったからといって租税に関して何の知識も経験もないので、いきなり租税正をやれといわれても、ただただ迷惑するばかりですといったところ、大隈重信はこう答えました。

「八百万の神達、神計りに計りたまえという文句を、きみは知っているか」

何をいい出すのか、用件をそらす気かと、栄一は不満な顔で、

「知ってはいます。祝詞の文句ではありませんか」

大隈はうなずき、

「いまの日本が、その状態なのだ」

「はあ?」

「新政府のやろうとしていることは、すべて知識も経験もないことばかり。何から手をつけてよいかわからぬのは、きみだけではない。誰もが、わからん。わからん者が智慧を出し合い、これから相談してやって行こうとしている。つまり、われわれみんなが八百万の神々なのだ。きみも、その神々の中の一柱として迎えた」

栄一は、大隈の話にひきこまれた。

「知らぬからやめるというなら、みな、やめねばならぬ。やめたら、国はどうなる」

「はい……」

「いかにして財政をやるか、租税をとるかということを、わかっている者は一人も居ないといってよいだろう。われわれで相談し勉強してやって行く他はない。若い八百万の神々が集まって、新しい国をつくって行くのだ」

「………」

「きみは、慶喜公のお側に居て、見守りたいという。だが、慶喜公には、側に居ないでも、尽そうと思えば尽せるではないか。（中略）慶喜公は英明なお方だし、朝廷に対しては恭順の意をつくして居られる。自分ひとりのため、きみを静岡にとめおこうなどと思われるはずがない」

「………」

「なるほど、きみは丹精して商法会所とやらをこさえた。だが、そこで努力しても、せいぜい静岡一藩内の利益にとどまる。日本全体から見れば、とるに足りぬことである。それに比べれば、われわれがやろうとしているのは、日本という一国を料理しようという大仕事だ。小をすて大につくすことこそ、われわれの本懐ではないのか。（中略）なるほど、きみのいうように、民衆の振興も大切だ。だが、民業をさかんにするためには、まず財政がととのい、経済の仕組がつくられるのが順序ではないか。貨幣はどうする、その融通はどうするということさえ、きまっていないのが、いまの日本である。それでは、商工業の成立つはずもない。民衆のため租税正を辞したいというきみのような考え方は、先を知って本を知らぬということにはならぬのか」（『雄気堂々』城山三郎）

大隈重信は、周囲からたよりにされる男ではありましたが、財政経済の問題となるとあまり詳しくなく、物色している中で浮び上がったのが、渋沢栄一でした。長崎で勉強しただけの大隈と違い、栄一は二年もヨーロッパへ留学しています。しかも、帰国後の旅費計算はきわめて正確で、理財に詳しいという評判でした。今すぐ役に立つ知識がなくとも、専門的な勉強をさせれば、十分にやっていくであろうと大隈重信は見こみをつけました。たよりにされている大隈重信という男に、それほどに見こまれたとあっては、渋沢栄一としても、ひっこみがつかなくなりました。まして、そのことが徳川慶喜のためになるとあっては、断る理由はなく、新政府に出仕することに決めました。そこで、思いきり能力の開花できる仕事にたずさわれるのは、人間としての生甲斐であるとも感じました。

大隈重信は、脳タイプでいうと右脳三次元と思われます。このタイプは、周囲をエネルギーで圧倒するタイプで、困難な状況を切り開くには最適であり、厳しい時にエネルギーが出るタイプです。同じタイプにナポレオンがいて、彼もフランスが厳しい時に、一気に形勢をひっくり返す強烈なエネルギーがありました。

脳タイプの相性からいうと、渋沢栄一のような右脳二次元主体の人は、右脳三次元に圧倒され、かなわない傾向があるようです。両者が守備範囲にしている空間の広さの違い、つまり右脳三次元がより広い空間を支配しているので、右脳二次元はかなわないと思うのでしょう。右脳三次元主体の大隈重信が日本を相手にしていたのに対し、右脳二次元主体の渋沢栄一は静岡を相手にしていたので、相手にする空間の広さの違いで論破され、出仕する気になったわけです。

これは、幕末に、右脳二次元主体の松平容保（会津藩主）が右脳三次元主体の徳川慶喜に振り回されたのと似ています。前者が幕府しかみていないのに、後者は日本をみていたわけです。いずれにしても、一介の血洗島村の農夫だった渋沢栄一が、たった七年で、租税正つまり今の大蔵省主税局長にあたる身分になり、歴史の表舞台に登場することになりました。彼が時代の申し子といわれる所以です。

論語にこうあります。

「子曰わく、後生《こうせい》畏《おそ》るべし。焉《いず》くんぞ来者《らいしゃ》の今に如《し》かざるを知らんや。四十五十にして聞こゆること無くんば、斯《そ》れ亦《また》畏るるに足らざるのみ」（出典：子罕第九 22）

（訳：先師がいわれた。「後輩をばかにしてはならない。彼等の将来が我々の現在に及ばないと誰がいい得よう。だが、四十歳にも五十歳にもなって注目をひくに足りないようでは、おそるるに足りない」

渋沢栄一はこの時、若干三十歳でしたが、それまでの七年間、若いにもかかわらず、与えられた仕事を誠意をもってきっちりとこなしてきたので、周囲の注目をひくようになり、その評判が、彼が大抜擢される契機になりました。

たしかに、若い人の集まりである新政府は活気があり、やりがいのある場所でしたが、人間関係は幕末を引きずっていて、派閥の争いをくり返していました。そこで渋沢栄一は、自分が民間で実業をするための地ならしを大蔵省でしてから、人間関係のいざこざに嫌気がさして、民業を興すという彼本来の志に立ち戻りました。

明治六年、彼が三十三歳の時に大蔵省をやめ、民間に足を置いて多くの会社や慈善事業を立ち上げていくことになります。それに関しては、次章でのべたいと思います。

三章

官から民に移り数多くの事業を立ち上げる壮年から老年時代

（論語）

「義を見て為《な》さざるは勇《ゆう》無きなり」

（出典）為政第二（二十四）

（訳）

人としてやらなければいけないこと、やるべきことをわかったり、理解しているにもかかわらず、それを実行しないのは勇気がない。

渋沢栄一の上司との付き合い方

渋沢栄一が勤め始めた頃の大蔵省は、喧噪の中で目の前にある大量の雑務をこなしているだけといった状況でした。これではまともな仕事ができないと考えた渋沢栄一は、ただちに大隈重信に建白書を出し、有為の人材を集めて国家の旧制度を新制度に移行させることを集中的に討議する組織が必要だと訴えました。大隈重信もその必要性を感じていたので、その組織にあたる改正掛がすぐに発足しました。

改正掛では、渋沢栄一が中心となり、貨幣制度、税制、全国測量、度量衡の改正、郵便の改革、鉄道の敷設など国家の根幹に関わることを合議制で討論し、次々と新制度を決めていきました。渋沢栄一は、その間ほとんど不眠不休で精力的に働いたため、最初は彼を抜擢したことに反対した人たちも、彼はとても得がたい人物で我々が思い違いをしていたと彼に謝ったほどでした。

しかし、渋沢栄一は、いわゆる政治的に動く人間ではなく、自分が日本にとっていいと思ったことは、上司が誰であろうと妥協せずに主張したため、相性の悪い上司とぶつかり、結局大蔵省を辞めることになりました。官を辞めたあとは、自分が従来からもっていた志、つまり民間の商工業を発展させる方向に舵をきりました。

明治政府の中心人物のほとんどの人は「私」がなく、日本のためにどうするかという「公」で動いていましたが、人間の相性がいい悪いでぶつかることが多く、これは脳の使い方の違いが大きな原因であると私は推測しています。この章では、最初にその観点で、大蔵省時代の渋沢栄一と上司との相性をみたいと思います。

まず、明治政府の中心として日本を牽引した大久保利通です。意外なことに、渋沢栄一と大久保利通は、ふたりとも公に徹しているにもかかわらずお互いを嫌い合っており、そのことが、渋沢栄一が官を去る一因となります。

ある日、栄一は、安場、谷という他の二人の大丞といっしょに、大久保の部屋に呼出された。

大久保はその日、太政官へ出かけ、陸軍経費八百万円、海軍二百五十万円を支出することを請負ってきていた。そのための措置を講ずるようにという。諮問するというより、

当然のことのようにいう。（中略）

栄一は黙って居れない。少し憤然とした口調になっていった。

「目下、歳入の統計を整備させているところで、入ってくるものがまだわからぬというのに、出る方をきめるというのは、おかしいではありませんか。こんな風に安易に陸海軍に金を出しますと、各省もそれにならって経費のぶんどりにやってきて、政府の財政的基盤がめちゃくちゃになってしまいますし、何か事があって臨時に金が要るということでも起れば、たちまち立行かなくなります」

大久保はむつかしい顔になり、くぼんだ眼を光らせた。だが、栄一は構わず続けた。

「いまはまず、全体の支出を制限し、一日も早く歳入を確定する作業を進めるべきときと考えます」

「何をいうんだ、きみは」

大久保は、声を荒《あら》らげていった。

「それなら、歳入の統計が明確になるまで、陸海軍へ一切経費を支給せぬというのか。陸海軍はどうなってもいいのか」（中略）

栄一は、もう一度、釘をさした。

「政府各省が百事改良をきそい、それぞれに経費に構わず、事務拡張をはかっています。求める力ばかり強く、抑える力が弱いという危険この上ないのが、いまの財政のありさまです。大蔵卿としては、この辺のところを、なにとぞ、とくとお考えおきいただきたいと存じます」

大久保は、無言のままである。もちろん、栄一の意見に耳を傾ける様子もない。

栄一は、身をひるがえして、そのまま退出した。栄一は、落胆した。大久保は「新政府の柱石」といわれる。しかも、大蔵卿でありながら、財政の実務に暗い。いや、知識が足りぬのはいたし方ないとして、なぜ、大隈のいうように、八百万の神々らしく、互いに勉強し合い、相談し合おうとしないのか。（『雄気堂々』城山三郎）

大久保利通の脳タイプは左脳三次元と推測され、その時の本質をつかむ能力が高いことが、明治政府で次第に中心的な人物になっていった理由かと思われます。彼は信じる本質からぶれることなく、物事を成し遂げるまでは、それを邪魔する敵をまるでＡＩを搭載したドローンのように徹底して追い詰め、執念深く結果を追い求めました。

その姿勢が、彼が国の基礎を築くのに大きな役割を果した要因であるとともに、彼との考え方の違いで追い詰められ、彼を蛇蝎《だかつ》のように嫌う多くの敵をつくりました。

徳川慶喜もそのひとりでした。渋沢栄一は、右脳二次元主体で情の人ですが、左脳三次元の本質をつかむ能力もありますので、大久保利通のいっていることも当然理解しています。しかし、彼の話し合いをしようとしない、おそらくほとんど右脳を意図的に使おうとしないことに対して、相性が合わないと感じたと思います。

明治政府の司法卿の、おそらく左脳に極端に傾いた脳の使い方をする江藤新平に対しても、渋沢栄一は相性が非常に悪かったと思われます。明治政府は、江藤新平に、警察制度の調査研究で世界各国をまわるように命令しましたが、彼は受けませんでした。

渋沢栄一は、狭い世界でとどまり、狭い考えに凝り固まっているようにみえる彼を心配して、広い世界をまわったほうがいいと親切心で説得に行きました。

「きみは、誰にたのまれて、それをいいにきたのだ」

「誰にでもありません。わたしひとりの気持からです」

「井上君（註：井上馨のことで渋沢栄一の直属の上司）にたのまれてきたのではないか」

栄一は、一瞬、返事をためらった。江藤は井上がそうした好意を示すとでも思っているのだろうか。それなら、ここは井上の手柄にしておこうかと思った。

だが、それは栄一の早合点であった。江藤がそういったのは、別の憶測からであった。

「井上君は、わたしが煙たいのだ。だから、外国へ放り出し、できたら留守中にわたしの席を奪ってしまうつもりなのだ」

「とんでもない。井上さんには、毛頭そんな気持は……」

邪悪な推測を働かせるひとだだと思い、江藤があわれになった。だが、江藤は栄一の心中を知る由もなく、持前のかん高い声で続けた。

「渋沢君、いいかね。わたしの最初の仕事は、貪官汚吏《たんかんおり》を懲罰することに在る」

「すると、井上さんが、そうだとでも」

「いま、名指すわけには行かない。ただ、井上君についていえば、少々あそび過ぎるようだ。つい先日も、芝居小屋の上等席を一手で買切って、芸者ども四十人あまりを連れて観劇したという報告が、わたしの手もとに届いている」（中略）

早くもそうした報告をつかんでいるところを見ると、江藤は本気でやるつもりなのであろう。

江藤は眼を光らせていった。
「それほど贅沢なあそびが、大蔵大輔にできるものかどうか。いや、できるとしても、していいかどうか、大いに問題だ」
そういう江藤に、栄一は栄一で別の問題を感じた。司法卿とは、法の執行に当るのが役割。しかし、江藤は個人の倫理や生活態度に腹を立てている。その勢いで省を動かして行ったら、どういうことになるか。(中略)
栄一は、数年前、江藤とよく似た型の人間に会ったことのあるのを思い出した。藤田小四郎(註：水戸天狗党の首領)である。性急な理想家で論理家。鋭気がありすぎて、ひとの議論を寄せつけない。ただ、そのせいもあって、非業の死を遂げたという気がするのだが。(『雄気堂々』城山三郎)

江藤新平は、左脳二次元の原理主義的な脳の使い方をしているように推測されます。こういうタイプは、いっていることは一見正しそうにみえますが、右脳を使っていないので人情の機微がわからず、結果的に自分と違う考えの人を追い詰め、敵にまわしがちです。右脳二次元の、まず相手のことを考える渋沢栄一からみると、水と油のような人で、相性は合いませんでした。そして、やはり渋沢栄一の予想通り非業の死を遂げます。

一方、右脳主体の西郷隆盛とは相性がいいといってもいいでしょう。ある日、西郷隆盛が渋沢栄一の家を訪ねてきました。彼が訪れた理由は、相馬藩の知人に頼まれたというもので、二宮尊徳の遺法といわれる興国安民法を相馬藩では在来行ってきて、領民の評判もよかったのですが、これが廃藩置県で廃止されてしまい困っているので、それを復活させてほしいというお願いでした。それに対して、渋沢栄一が答えたのは以下のようなものでした。

「興国安民法の精神とは、一国の分度を定め、入るを量って出ずるを制し、余力があれば国の防備や財源の涵養などにも金を廻そうということでございましょう。大蔵省では、とぼしい歳入を細かく計算し、それを各省に予算として割りふっておりますが、各省の方では、それでは足りぬ、これは延ばしておける仕事ではないなどと、次々に要求して参ります。後はどうなろうと、何としてでもしぼり出せと、責めてきます。参議筆頭であるあなたは、そうした各省の要求をおさえて下さいましたでしょうか」

「いや、それは……」

「おさえるどころか、むしろ先頭に立って、やれ文部省に金を出せ、江藤の言い分をきいてやれ、などとおっしゃったことはありませんか。井上大輔がそれに反対すると、今度は『井上はけしからん。自分は驕奢な生活をしているくせに、国に必要な金は出し惜しむ』などと、いわれたともきいて居ります」

「……うん」

「そうしたあなたが、旧相馬藩のためにだけ興国安民法を復活させておやりになると、世間では何と申すでしょうか」

西郷は苦笑を深めた。栄一はさらにいった。

「興国安民法を小さく守ろうとされながら、一方では、大きく破って平然として居られる。これでは、尊徳先生も浮ばれまいと思いますが、いかがでございましょう」

降参、降参という風に、西郷は、太い首を振ってうなずいた。手拭をとり出して、また顔の汗をぬぐう。

「おいどんは、貴公にたのみにきたつもりでごわしたが、議論をきかされ申した。いや、叱られにきたようなものでごわしたな」

西郷は、まの悪そうな顔でいった。その言葉には、少しの皮肉もいやみもなかった。今度は、栄一が恐縮した。栄一こそ叱られるのを覚悟していたが、西郷にそんな風にいわれては、もう言葉も出ない。

世間では、西郷を「公心」の持主だといっている。度量が大きく、とくに天下国家のこととなると、私心がなくなる。その「公心」を、目のあたりに見た気がした。栄一を高圧的に叱った大久保とは、同じ薩摩人でも、まるで性格がちがっていた。この西郷を慕って、後藤、板垣、江藤、副島などといった高官たちが結集し、政府内で最も強力な一派をつくっているのも、当然と思えた。（『雄気堂々』城山三郎）

渋沢栄一は部下から、西郷参議は五百円の月給を数ヶ月取りに来ておらず、事務処理に困る、催促しても、まだ十分に足りていると西郷がとり合わない、という話を聞いたことがありました。

西郷隆盛の、栄利を求めず人に対しての思いやりをベースにした生き方は、右脳二次元、つまり仁の極致のような脳の使い方であり、そこは渋沢栄一と共通点があり、ふたりは相性がよかったのでしょう。日本の素朴な自然がそのまま人になったのが西郷といってもいいかもしれず、それが彼に対して、多くの日本人が懐かしさを感じる所以かもしれません。

西郷は明治二年、薩摩でウサギ狩りをした時に頭を切り株で強打し、それから性格が変わったといわれていますが、私はその時に左の前頭葉を痛めた可能性があると推測しています。それが、彼が幕末には左脳をしっかり使っていたのに、明治政府に復帰してからは、左脳を使わず右脳しか使っていないようにみえる一因だと私は考えています。そして、その左脳を使っていないことが、おそらく彼がその後政争に敗れ、下野して西南戦争にいたったひとつの要因でしょう。

その点、渋沢栄一は違い、右脳二次元主体ですが、左脳三次元もしっかり使っているので、長い人生をずっと死ぬまで、第一線で全うできたのでしょう。

志の実現

さて、その後の渋沢栄一ですが、各省が大蔵省のいうことを聞かず、経費の濫費を続けたので、ついに我慢の限界を超えた上司の井上馨と渋沢栄一は、大蔵省を辞職することになりました。

栄一が大蔵省を辞職すると、三井組の大番頭三野村利左衛門（一八二一～七七）、小野組の小野善右衛門らがたずねてきて、銀行経営に尽力してほしいと懇願した。

「このたびのご辞職はまことにお気の毒に存じますが、手前どもにとってはまことに吉報でございます。バンクを取りしきるうえで、われわれは皆わずかな知識しか持ちあわせておりません。それで渋沢さまが官職をお辞めなされたのをさいわい、銀行のお世話をお願いしたいので、連れだってお願いにあがったのでございます」

栄一は答えた。

「それは願ったり叶ったりというものだ。井上（馨。大蔵大輔）さんは官制のことについて内閣と意見がくいちがい、ほとんど喧嘩腰で退かれた。それで井上さんの次官をしていた私もともに辞したから、井上さんと同様、内閣と喧嘩して辞めたように見えただけだ。

だが私が辞職したのは喧嘩ではないのだ。私の辞職の原因というのは、いまのわが国では、商業がもっともふるわないためである。商業がふるわなければ日本の国富を増進することができぬ。政治、教育、軍備の面で着々と改造してゆく時代に、商業だけが旧態のままにとどまっているというのは、ゆゆしき問題で、私はなんとかして商業を振興

する仕事をしたいと思って辞職したのだ。(中略)
私は玉乃世履《たまのせいり》(一八二五〜八六)という男と仲がよかった。官位もともに進み、勅任官になった。その玉乃が私の辞職を喧嘩だと早合点して、ひきとめた。われわれは遠からず長官になり、大臣になれるだろう。おたがいに官にあって国に尽くすべき身だ。しかるに賤しむべき金銭に目がくらみ、官を去って商人になるとは実に呆れる。いままで君をそういう男とは思っていなかった、というのだ。
それで私は、金銭を取扱うのがなぜ賤しいか。君のように金銀を賤しむようでは国家はなりたたない。私は論語の教訓に従って、一生商業をやるつもりだ。官位人爵が高いということは、さほど尊ぶべきことではないといってやったのだ。
いま君たちが私を第一国立銀行の運営に誘ってくれるのは、そういうわけで実にありがたい。(『小説　渋沢栄一』津本陽)

渋沢栄一が若い頃、代官に辱められて以来、紆余曲折しながら心の底にずっとあった志が、ここから現実のものとしてスタートしました。紆余曲折といっても、決して回り道にはみえず、この日のために過去のすべての経験が役立っているように私は感じます。これは、渋沢栄一が周囲の状況がどう変わろうと、論語を人生の指針にして、様々な役割を果たしながら、本質の生き方の点ではぶれずにきたせいだと思われます。

そしてこの時から渋沢栄一は、第一国立銀行を皮切りに、多くの会社、慈善事業を興していきます。その詳しいところは他書にゆずりますが、彼の脳の使い方を端的にあらわすようなエピソードを、これから少し引用したいと思います。

第一国立銀行から多額のお金を借りている政府為替方の小野組に対し、放漫経営ではないかと疑いをいだいた政府が、突然取り扱う金額の三分の一を担保に供託するように命令を下しました。その期日があまりにも短期間なので、小野組は破産せざるをえない状況に陥ります。その小野組で、生糸店の業務を取り仕切っている古河市兵衛（古河財閥創業者）を、渋沢栄一は将来必ず大成すると信じてつき合ってきました。その彼と、この緊急事態について話し合うことになりました。

渋沢栄一は古河市兵衛を信用していたので、貸付金については無抵当でした。もし、彼が不正直な男であれば、借金を踏み倒すのも可能であり、そうなれば、第一国立銀行も小野組とともに倒れてしまうことになります。このことに対してどうするつもりなのか、渋沢栄一が古河市兵衛に問うたところ、彼から以下のような返事があったと後日、栄一はのべております。

「私は明治三年から貴下とご懇意をむすび、非常なお世話になった。銀行をご創立になってからも、私は金を預け入れるものでなく、金を借り出すもので、いつもご厄介ばかりになっておった。今回小野組が危険になったについても、相当な抵当は入れるからご迷惑をかけぬつもりである。年来の御厚誼にはそむかぬつもりである。……しかし考えればいかにも残念である。

本店のほうはともかく、私の糸店のほうはすでに計画もたって、月々に良好な結果をあげている。それをみすみす廃止するのはいかにも残念でたまらぬ。私がどうしたというわけではないが、小野組が破産すれば私も破産者の一人となる。

事業の成績がわるいのであれば、いたしかたもないが、いい事業をやりながらかようなことになったといって、さすがの古河も声をあげて泣きだした。あの自信力のつよい男が男泣きに泣いたのである。

あまりに気の毒なので『何もそんなに嘆くことはないではないか。自分が破産をさせたというではなし……おたがいにまだ年も若いし、これからおおいにやろうじゃないか。男子はこれくらいなことに泣くようなことでどうする。大志ある者はすべからく大成を今後に期すべしである』

といっておおいに奨励し、なぐさめたことがある。(中略)」

市兵衛は糸店の財産である米穀、鉱山、公債、株券などの所在、数量、銘柄、評価を付記して栄一にさしだした。

小野組はついに破綻した。だが小野組がすべての資産を抵当としてさしだしたので、抵当見積概算は百五十三万円(第一国立銀行株券八十四万円を含む)で、銀行のこうむった実損は、三万八千八百余円の僅少にとどまった。

古河市兵衛は一方の棟梁であったから、相当な金も持っていたが、それを一切小野家に預けていたので、すべてを放棄し、裸一貫で小野組を去ったのである。

栄一と古河市兵衛の交誼はこののちも続く。市兵衛は翌年、新潟県草茸銅山の開発を手がけ、成功するが、無一文の市兵衛に第一国立銀行が融資したのは、栄一との信頼関係があったためであった。(『小説　渋沢栄一』津本陽)

論語に「人にして信なくば其の可なるを知らざるなり」（出典：為政第二（二十二））（訳：人として信用されない者が、人生において成功したという話を聞いたことがない）という言葉があります。

まさしく、この言葉の通り、古河市兵衛は破産という人生の一番厳しい局面で、自分は信用できる男であるということを、渋沢栄一や世間にみせたのです。

信用は、人間が社会でまっとうに生きていくための最大の財産になります。私も社団法人を立ちあげ、様々な人間と会っては患者さんに役立つ医療情報はないかと収集していますが、その基準になるのが、その情報を発信する人間が信用に値するかどうかになります。医療という複雑な情報は、究極のところそれにつきると私は最近痛切に感じています。そして、その信用の元になるのが、その人が扁桃体・報酬系をコントロールして、志をもっているかということです。

扁桃体・報酬系をコントロールしていない人は、窮地におちいると自分の利益のみを考え、周囲の人に迷惑をかけるからです。そういう人と仕事を組むと、必ず最後は不利益を蒙ります。

しかし、扁桃体・報酬系のエネルギーが強烈に強く、それが左脳とくっつくと、短期間で事業を大きくすることにつながることがあります。その実例が三菱をつくった岩崎弥太郎でした。

岩崎弥太郎との決定的な違い

ある日、岩崎弥太郎が、渋沢栄一を舟あそびに招きました。隅田川に屋形船を浮べ、二人だけで清談しようとの誘いでした。その当時、岩崎弥太郎の経営する三菱商会は、大隈重信にとりいって、前年の西南戦争で大もうけをしていました。

渋沢栄一としては、岩崎はたのもしい民業仲間ではあるが、幼い日本の民業を育て合う方向に力を貸してくれるのか、それとも仲間を次々に餌食にしていくようなタイプなのか気になっており、一度話してみたいと思っていました。その時の岩崎弥太郎の用件は、渋沢栄一に三菱商会の番頭になってほしい、ふたりで組めば、日本の経済界を牛耳ることができるというものでした。

その時すでに経済界の重鎮になっていた渋沢栄一は、もちろん受ける気はありませんでしたが、念のために三菱商会の社規をみたいと頼みました。そこには、三菱商会のすべての責任と意思決定は社長に帰す、という規則が書いてありました。それを読んだ渋沢栄一は、以下のように答えました。


「わたしの合本組織を頭から否定して居られる」

「そうかも知れませんな。株式会社などというのを、わたしは好かん。あれでは、事業らしい事業をすることはできんと思うのです」

「どうして」

「役員を何人もそろえたのでは、人形芝居にすぎなくなる。わたしは、人形芝居は大きらいだ。そもそも、わたしが発奮して町人になったのも、江戸にきて大名方の登城姿を見て、つまらぬ人形芝居をやり居ると思ったからです。いまさら、わたしの会社で人形芝居をやることはありません」

「それは、外から見ての印象でしょう。中には、いくらも人材が居ました」

栄一は、殺された平岡や原市之進、それに、勝海舟など幕臣たちの姿を思い浮べながらいった。

「問題があるとすれば、幕府の組織が、せっかくの人材を人形にしてしまったことでしょう。そんな風にしてしまった組織を改めなければならない。王政復古とは、八百万の神々の場を復活させることです。それが、万機公論に決すべしの御精神ですし、民業の世界では、合本組織をひろめるということになると考えるのです」

「しかし、合議をすれば、誰が責任をとるのか、ぼやけてしまう。いや、結局、誰も責任をとらなくなる」

「そんなことはありません。みんなで責任を分担する。利益も配分する。だからこそ、仕事に励みが出てくるというものでしょう」

「しかし、損をするにしても、出資分だけの応分の損ということで、身にこたえない。全財産を賭けるという苦しみがない。覇気が出ない」

と、岩崎。肚の底からの太い声でいった。栄一は、すぐいい返した。

「一人の財産を賭けるといったって、たかが知れています。これから日本に起る事業は、もっともっと規模の大きなものにならなければ、とても欧米に追いつけません」

岩崎は、太い眉をうごめかしながら、腕を組んだ。栄一は、たたみかけた。

「資本を持寄るだけでなく、どんな人にも人それぞれにとりえというものがあります。

「そのとりえを持寄って働く。これまた、人間を人形にしない工夫ではありませんか」(『雄気堂々』城山三郎)

渋沢栄一は、とくに自分にすぐれた能力があったとは思えない、それでいて、血洗島村の一農夫の出身ながら今日の日本を牽引する立場まで来られたのも、数多くの仲間たちと知り合い励まし合って、力をのばしてきたために他ならないと考えていました。つまり、右脳主体で、視床下部もよく働いているので、周囲の人たちへの感謝の気持ちが強く、それが彼の事業の原動力になっていたのです。

一方、岩崎弥太郎は、扁桃体・報酬系のエネルギーが異常に強く、それと左脳が結びついて事業を拡大する脳の使い方をしているように私にはみえます。そのためには、自分を追いこめば追いこむほど、反発力が出てエネルギーが出るということになります。

しかし、渋沢栄一が反論するように、これの問題点は、いくら岩崎弥太郎が優秀でも、多くの人の知恵を結集するほうが、長い目でみると競争力が増し、事業が拡大していくということです。実際、このあと渋沢栄一と岩崎弥太郎は別々の船会社をつくり、日本近海の運輸をめぐり、それを独占したい岩崎弥太郎とそれを打ち破りたい渋沢栄一で死闘を繰り広げました。しかし、その最中に岩崎弥太郎が胃がんにより、五十歳の若さで死去します。強いストレスが原動力になってきた岩崎弥太郎が、ストレスに耐えきれなくなって病気を発症したように私は感じます。

渋沢栄一はこのように、衆知を集めて会社を発展させるというスタイルをとり続けます。そのためには、その人がどういう人物であるか見抜く眼力が必要です。それを物語るエピソードがあります。

渋沢栄一の部下に、藤山雷太（註：長男が岸内閣の外務大臣であった藤山愛一郎）という人がいました。明治二十九年、三井工業化路線を追求する中上川彦次郎の指示によって、当時渋沢栄一が取締役会長を務めていた王子製紙に、藤山が専務取締役として送りこまれました。この頃の王子製紙は、渋沢栄一の義理の甥（最初の妻千代子の姉の息子）で娘婿でもある大川平三郎が、アメリカから持ち帰った麦藁を原料とする画期的な製造法により、一時の低迷を抜けだし、大きく飛躍しようとしていた時期でした。

そのためには、水力を利用する大規模な中部工場の建設が不可欠であり、どうしても二百万円の増資が必要となったため、会長の渋沢栄一は、大株主の三井に協力を求め、了承を得ました。この時、三井の総帥・中上川彦次郎は、工業化路線遂行のために、この増資計画をきっかけに王子製紙を乗っ取ろうと企て、腹心の部下である藤山雷太を専務取締役として送りこむという条件を、渋沢栄一に無理矢理呑ませたのでした。

そして藤山雷太は、大川の息のかかっていない新しい人材をどんどん採用したので、次第に藤山派の社員の派閥が社内に形成されていきました。

しかし、すでに専務取締役技師長になっていた大川平三郎をはじめとする重役陣の抵抗は激しく、新人事がきっかけとなって、大川派と藤山派の対立が抜き差しならぬものになり、経営が暗礁に乗り上げました。すると、藤山雷太は渋沢栄一のところに直接出向いて、いきなり辞職を迫ったのでした。

この親子ほど年齢の違う若い藤山雷太に対して渋沢栄一がとった行動は、驚くものでした。彼は、王子製紙がその巨大な投下資本と技術革新にもかかわらず経営がいまひとつ軌道にのらないのは、経営陣に人を得なかったことが原因と考え、身内である大川平三郎を平の取締役に降格させました。その後、大川派の社員がこの措置に反対してストライキに入ると、渋沢栄一は全責任を取って自ら取締役会長を辞任し、大川とともに王子製紙の経営から完全に手を引きました。

つまり、王子製紙の経営が上向くことが日本のためになると考え、愛着ある王子製紙を経営したいという私情を捨てたのです。

両者が再び仕事で接触するのは、明治三十六年に東京市街鉄道株式会社と東京電車鉄道株式会社との合併問題が起きた時でした。渋沢栄一は東京府知事の千家尊福とともに合併の仲裁に臨みましたが、この時、東京市街鉄道の合併推進派の重役として交渉の席に現れたのが藤山雷太でした。藤山雷太は、東京市街鉄道が悲惨な財務状態であることを知り、東京市街鉄道が生き残る道は東京電車との合併しかないと考え、東京鉄道株式会社の誕生に向けて動きだしたのでした。

しかし、この動きに東京市街鉄道の社長・雨宮啓次郎が強硬に反対し、結局うまくいかず、藤山雷太は東京市街鉄道を去ることになりました。この時、渋沢栄一は合併の仲裁役として、藤山雷太は戦時にこそ輝きを増すタイプの人間であると理解したようでした。

そこで、明治四十二年の大日本製糖事件で、整理のための後継役員として最適とみなした鈴木商店の金子直吉に受諾を拒否されると、渋沢栄一は、東京市街鉄道を辞めて以来鳴かず飛ばずで不遇をかこっていた藤山雷太を社長に抜擢し、大日本製糖の処理を託したのでした。そして、大日本製糖の立て直しという困難な事業に藤山雷太は成功します。渋沢栄一の、人材を見抜く眼力のすごみを感じさせるエピソードです。

ところで、われわれとしては、ここであらためて認識しておくべき事実が一つある。それは、大日本製糖で渋沢に大抜擢されるまで、藤山雷太は一度として企業の立て直しに成功したことがなかったという厳然たる事実である。すなわち、雷太は、芝浦製作所ではストライキの大弾圧をしただけで業績回復にまでは至らなかったし、王子製紙でも渋沢・大川のコンビの追放には成功したものの、王子を根本的に蘇らせることはできなかった。また、東京市街鉄道では、合併工作に熱中し、経営に携わる以前に追放された。その後の中小の企業の経営でも結局、芽が出なかった。

つまり、渋沢が日糖事件で雷太を大抜擢したのは、彼が成功した実業家であったからではなく、「潜在的に」有能な実業家であることを見抜いたためなのである。ひとことでいえば、渋沢は、業績ではなく「人」を見たのだ。雷太という未完の、だが端倪すべからざる可能性を秘めた実業家の膂力を看破したのである。

では、それはいつの時点でのことなのか？　いうまでもなく、中上川の放った刺客として王子製紙に乗り込んだ明治二十九年が最初だろう。

おそらく、渋沢は感情的には身内の大川に肩入れしながらも、会社の経営者としては雷太が大川よりも一枚も二枚も上であることを認めざるをえなかったにちがいない。いや、もしかすると、雷太の経営能力は自分よりも上であるとただちに認めたのかもしれない。それでなければ、自分に対して堂々と退陣を迫る雷太の言葉を容れて、渋沢が手塩にかけた王子製紙を去ることはなかったはずである。渋沢は王子製紙が国家国民のために絶対に不可欠な企業であると承知していたからこそ、王子製紙が渋沢ファミリーの同族企業であり続けるよりも、雷太の手に委ねられて大企業として再生する道を選んだのだ。雷太の大抜擢はすでにこの時点でなされていたのである。（中略）

日糖事件での雷太の大抜擢は、恩讐を越えた人事ではいささかもなく、渋沢が明治三十一年に王子製紙で試みようとしてできなかった「適者生存」人事の再現にすぎなかったのである。

渋沢に辞職勧告した雷太も大物だったが、その言葉に従った渋沢はさらにそれを上回る桁の外れた大物だった。こう言っていいのではなかろうか。（『渋沢栄一　論語篇』鹿島茂）

渋沢栄一が、いかに個人や家族の利害より、公を優先させたかを物語るエピソードです。これは、彼が扁桃体・報酬系を完璧にコントロールしていたからできることです。それにより相手がどのような人物であるかが、眼を曇らすことなく等身大でみえてくるようになります。

実績ではなく人物をみて抜擢するということは、会社経営ではおそらく一番難しく、しかし一番大事なことであり、それが長い目でみて会社の盛衰に大きく関わることになります。現在まで続く多くの企業をつくった渋沢栄一は、そういう意味で第一級の人物鑑識眼をもっていたといってもいいでしょう。

慈善事業に情熱を燃やす

上記のように、彼は常に公のことを考えて物事を判断していました。では、彼にとって公ということはどういうことを意味したのでしょうか。もちろんあの時代ですから、国家のためというのがありましたが、彼の考える国家は、そこに住む庶民や弱いものを助けるということが、若い頃からずっと、彼の考える公の中にあったように感じます。そのため彼は、慈善事業にも早い時期から取り組みました。

晩年の栄一は、社会公共事業に尽力した。財界人の慈善行為は珍しくはないが、栄一の場合、ただ大金を出すということではなかった。慈善においてさえ、いかに効果が上がるかを考えた。世間体のための寄付や、自己満足のための慈善には、目をそむけた。

（中略）

栄一は、晩年、早稲田大学のための基金委員長も永く続けたが、あるとき、大隈重信の邸で財界人のパーティがあった。

席上を借り、栄一は早稲田への基金募集について訴え、自分の寄付額も話し、来会者ひとりひとりに寄付を勧誘した。

大御所の栄一のたのみである。財界人たちは、それぞれ調子のよい受けごたえをし、さて、その日のパーティが終って帰ろうとすると、玄関に机をはり出して通路をせまくし、そこに渋沢栄一が寄付申込用紙を置いて、にこにこして待構えていた。いいかげんな口約束ではすまさぬ。目の前で申込用紙に金額を書きこませてから、お帰りをねがうというわけであった。（中略）

栄一はまた、明治七年三十五歳のときから五十年以上も、東京府養育院長をつとめた。私財を持出し、募金のくり返しである。

養育院といっても、栄一のひき受けた当時は、乞食の収容施設であった。外国人がやってくるようになり、乞食が街にうろついていては体裁が悪いと、市中の乞食を狩集めて、三百人ほども本郷旧加賀藩邸にぶちこんだだけのものであった。

院長となった栄一は、老若男女を同一構内に収容していては、救済の実が上がらぬと見た。

まず、西巣鴨に分院をつくって、児童だけを別に収容し、さらに、児童の中で感化を要する者のためには井ノ頭学校を設けて分離。虚弱児童のために、安房に分院をつくり、重症児や結核児童のために、板橋分院をつくって収容した。目的別に施設を区分して収容することで、同じ金額も活かしてつかう。いや、人をその分に応じて活かすことができる。ただの名誉職だけの院長にはできないことである。建前としての慈善を排す。実効の上る慈善を考える。精神だけでなく、実を、というのが、栄一の信条であった。(『雄気堂々』城山三郎)

まさしく、論語にある仁と算盤の両立になります。彼は、東京府養育院長だけは最晩年まで務めました。ここでの事業は、まさしく彼しかできないことであり、彼の人生を貫いた志の、一番重要な部分を占めるものだったのでしょう。彼が、いかに慈善に命をかけていたのかを表す九十一歳の時のエピソードがあります。

社会福祉団体の代表が栄一の邸宅を訪ね、生活困窮者を救うための救護法の予算化に尽力してほしいとの依頼があった。風邪で臥せっていた栄一だが、車の用意をさせ、直ぐに大蔵大臣と内務大臣に面会申し込みの電話を入れた。主治医も妻の兼子も驚いて止めたが、よろける足で立ち上がり、こう言ったという。

「こんな老いぼれが平素から養生を心掛けているのは、こういう時の役に立ちたいからなんです。もし、これがもとで私が死んでも、二十万もの不幸な人たちが救われるのであれば結構なことではないですか」

息子の秀雄は「どうもオヤジさんは心身共に出来が違いすぎる」と、『父　渋沢栄一下巻』に書いているが、やはり間違いではなかったようだ。

昭和六年（一九三一）十一月十一日、時代が求めた栄一は、その時代に大きな功績を残し王子・飛鳥山の自宅で死去した。享年九十二。葬儀の当日には四万人を超える人々が見送ったという。谷中霊園で慶喜の近くに眠る。これにより、慶喜は永遠の主君となった。（『渋沢栄一』今井博昭）

論語と算盤を貫いた、見事な一生だったと私は感じます。では次に、そのことに関して考察したいと思います。

『論語と算盤』の時代背景

まずは、渋沢栄一が一生かけて実践した「論語と算盤」という彼の中心思想について、考えてみたいと思います。彼の主張する「論語と算盤」はどこから来たのか。その時代背景はこのようなものでした。

われわれは、「論語」と「算盤」の調和という考えなら、江戸時代にすでに一般的なものになっていたのではないかと想像するが、渋沢によれば、事実はその逆で、宋から輸入された朱子学の解釈によって、元和・寛永の頃から「論語」と「算盤」は完全に切り離され、儒学を学ぶ武士階級は金銭とはかかわりを持つべきではないとされるに至ったという。（中略）

渋沢が『論語』再解釈の眼目とした教訓はどんなものなのだろうか？

それは主として「里仁篇」の次の教えであると思われる。

「富と貴とはこれ人の欲する所なり、その道を以てせずして之を得れば処《お》らざるなり、貧と賤とはこれ人の悪《にく》む所なり、その道を以てせずして之を得れば去らざるなり」（註：訳：金持ちと高い身分は、誰でも欲しがるものである。〈しかし、〉それにふさわしい方法で得たのでなければ、その〈高い〉地位に身を置かない。貧乏と賤しい身分は誰でも嫌がるものである。〈しかし、〉それにふさわしい方法で得たのでなければ、〈その低い身分から〉逃げない）

これに対して、渋沢は『論語と算盤』収録の「孔夫子の貨殖富貴観」という講演においてこんな解釈を施している。

「この言葉はいかにも言裡に富貴を軽んじたところがあるように思われるが、実は側面から説かれたもので、仔細に考えて見れば、富貴を賤しんだところは一つもない、その主旨は富貴に淫するものを戒められたまでで、これをもってただちに孔子は富貴を厭悪したとするは、誤謬もまた甚しと言わねばならぬ、孔子の言わんと欲する所は、道理をもった富貴でなければ、むしろ貧賤のほうがよいが、もし正しい道理を踏んで得たる富貴ならばあえて差支えないとの意である、して見れば富貴を賤しみ貧賤を推称した所は更にないではないか、この句に対して正当の解釈を下さんとならば、よろしく『道を以てせずして之を得れば』という所によく注意することが肝要である」(中略)

渋沢が、最晩年に至ってもなお、「論語」と「算盤」の融合のために『論語』の再解釈に挑んだのは、「論語」と「算盤」を二つながらに有しながら、その融合にまでは敢えて足を踏み入れなかった父、市郎右衛門という存在が常に念頭を去らなかったからだと思われる。『論語』再解釈は、『論語』を我が物にしながら「算盤」の論理の内側に止まった「父」を止揚しようとする「息子」の原体験から生まれたものにほかならないのである。(『渋沢栄一　論語篇』鹿島茂)

論語は、端的にいうと人間の生き方、特に己を向上させたり、どのような人とつきあえばいいかに関する学問であり、主に右脳をよりよく使うためのものです。算盤はお金なので、主に数字を扱う左脳を使うと私は考えています。

余談になりますが、左手に論語、右手に算盤と渋沢栄一がいっていますが、右脳が左手を支配しており、左脳が右手を支配しているので、彼の言葉と私の脳の使う場所に関する推測は一致しています。

しかし、機能的に真逆といってもいい右脳と左脳を同時に使うことは、脳の機能の特性上難しく、そのため渋沢栄一は生涯をかけて、論語と算盤を座右の銘にしてその道を追求しました。

時代的にいうと、江戸時代が右脳主体、明治になり西洋の文明が流入して左脳主体になりました。そのため、『論語と算盤』の目指すところも、幕末から明治初期にかけては算盤主体、つまり産業育成をしてできるだけ早く西洋に追いつこうとしました。しかし、その後、西洋文明が日本に大量に流入して日本人の精神構造が算盤に傾くと、これからは論語を主体にする、つまり企業を運営するのに論語の精神が大事だという方向に、渋沢栄一の主張が変わりました。実は明治時代の教育勅語も、そのような流れの中で出てきました。

――本学とは、自分はどう在るべきか……ということを考えていくための学問であり、生き方について思いをはせ、徳性の高い人格を形成するために必要な学問系統のことをいう。寺子屋では『論語』や『大学』などの漢籍を主としてこの本学を教授していた。偉人の言葉や生き様を古典を通じて知る中で、自分もこう在りたいという心を育てていくのである。

末学とは、生きていくための技術（自分で稼いでいく方法）について学ぶものである。百姓であれば稲作の方法を学び、職人であれば材木の加工技術を体得し、武士であれば武術や公務員としての必要知識を学び、商人であれば営業の具体論を学ぶ……などなど。単純に「スキル」といってしまうとやや語弊があるが、本学と比較すればあくまでスキルを学ぶという雰囲気が強い。（中略）

もし末学ばかりに傾注し、本学を軽視するようなことがあれば、この状態を「本末転倒」と表現し、情けない状態であるとされた。

この本学・末学の位置づけは江戸時代も明治維新以降も変わらないのだが、明治維新以降は殖産興業、富国強兵の国策のもと、多くの国民を（基礎的素養やスキルの面で）均質に育てる必要があり、末学が重視されるようになった。（中略）

明治二十年代に入ると行政官らが新しい教育に懸念を抱いていたという事例が各地に

ある。旧来からの「報恩感謝」「謙譲」「父母への忠孝」という考えは軽視されるようになり、前時代の教育を受けてきた父母を侮辱したり、学校でも教師に敬意を持って接しないという事例が出てきたりした。

こういった風潮の中、明治二十三年十月三十日に教育勅語が渙発されるに至ったという経緯がある。教育勅語ではわが国の伝統的な美徳や教育の役割を提示され、いろいろな徳目を示され、最後に天皇が「自ら率先してこれらの徳を身に付けるよう努力するので、国民の皆さんも一緒にがんばりましょう」と呼びかけられるかたちで締めくくられている。明治天皇が勅語というかたちで徳育について国民にお示しにならねばならないほど、道徳が廃れていたわけである。（『素読をすれば、国語力が上がる！』松田雄一）

渋沢栄一のいう論語が本学であり、算盤は末学にあたります。渋沢栄一が常に引用する論語の「道理をもった富貴でなければ、むしろ貧賤のほうがよいが、もし正しい道理を踏んで得たる富貴ならばあえて差支えない」といった意味は、算盤は生きていく上で必要だが、それよりは論語のほうが大事だよという、両者は対等ではなく実は優先順位があることを示しています。

実際、渋沢栄一の生涯を振り返ると、算盤、つまりお金が第一だとは全く思っておらず、お金は一生懸命働いたあとの滓《かす》だといっているくらいでした。彼はそのため、投機は一切やらず、また彼だから手に入る今でいうインサイダーの情報を基にして金儲けしようとしたことは一切ありませんでした。

彼が、他の実業家のように財閥をつくらなかったのもその信条の結果でした。その証拠に、彼は子供たちに、もし彼が他の実業家のように財閥をつくってお金もうけに執着すれば、三井、三菱くらいの規模の財閥はつくれたよと述懐したことがあったそうです。彼の人生をみると、算盤は必要だが、算盤より論語のほうが上だという生き方を実践してきたことに他なりません。

陽明学の影響①「心即理」

では、前述のように、父親は論語と算盤の両方ができたがそれを両立させなかったのに、なぜ息子の渋沢栄一は両立させたのでしょうか。私はそこに、第一章でのべたように、陽明学の影響をみることができると思います。

では、陽明学の教えと渋沢栄一の生き方はどう関わっているのでしょうか。

陽明学は、明の時代に生きた王陽明（一四七二～一五二八）を創始者とする人間学です。陽明学は、文武両道であった王陽明の人生がそうであったように、宗教と違って現世重視であり、現実をよりよく生きていくために、みずからを鍛え上げる実学といってもいいと思われます。そのため、右脳的で、常に現実に立脚して行動する日本人に、非常に親和性が強い人間学になります。

日本における陽明学の開祖は、中江藤樹（一六〇八～一六四八）になります。その後、官学としてもてはやされた朱子学と違い、在野の学問として民間に伝わり、幕末から明治維新の立役者、たとえば吉田松陰や西郷隆盛らほとんどの武士は、陽明学の信奉者だったといわれています。本家の中国では根づかなかったのですが、日本において花開いた人間学といってもいいでしょう。

では、陽明学の中心思想と渋沢栄一の生き方との関係についてのべます。陽明学についてひとことでいうと「万物一体の考え方を理解し、心の中の葛藤をなくし、不動心を確立する教え」（『真説「陽明学」入門』林田明大）となります。その基本思想は三つあります。それは、「心即理」、「知行合一」、「致良知」になります。

まず、心即理についてです。

〈理〉とは、道理のこと、ものごとの正しいすじ道のこと、条理のことである。それは、根拠であると同時に規範でもある。宇宙をあるべきようにあらしめている原理、宇宙万物の生成と秩序と調和の根源をなすもの、と言い換えることもできる。

陽明学では、〈心即理〉を主張する。つまり、心はすなわち万事万物の理であり、心と万事万物は一体であると。心の中に宇宙の根源的な原理が含まれていて、心の内と外に対立はない、と主張しているのである。（中略）

陽明は、朱子学の方法論を通じて、いくどとなく挫折を経験してきた。文化果てる龍場の山中に左遷されたことで、これまでの生き方や価値観に対する反省を迫られていた。

陽明の時代にあっても、現代同様、言行不一致の学者が横行していた。教養は豊かでも、人格的に問題の多い儒学者がほとんどであった。知識や情報を増やすことよりも、心の歪みをなくすことや我欲を減らす努力が、心の中に生じるさまざまな葛藤をなくし、本来、心に備わっている無限のパワーを回復して人間性を高める唯一の手段であることを、陽明は悟ったのである。（中略）

ものごとに関して対立する二つのものに分ける考え方では、次第に人間は世界から孤立化していく。人と人との間にも疎外感が充満していく。ますます愛に飢える人々が増えることになる。心は、常に何かとの一体感や誰かとの共感を求めているというのに。

心に絶対的な権威を認める陽明学は、ヨーロッパ的〈自我哲学〉的な側面と、真誠惻怛の愛という側面との両輪をみごとにあわせ持っている。だが、心の絶対性や主体性の確立と自由を強調するあまりに、利己主義に陥る可能性がある。そのひとりよがりになる危険性を、仁や惻隠の情や真誠惻怛の愛によって阻止することができるのだ。陽明学という思想の、みごとなバランス感覚をこの点に見ることができる。

心と理に区別を設けることは、人間と自然、我と汝の間に区別を設けることと同じである。私欲が生じると、心と理に区別が生じ、人間は自然に対立し、他人に敵対する関係となってしまう。私欲は心の平安をかき乱し、自己分裂の危機をもたらし、判断力を狂わせていく。だから陽明は、私欲を取り除くことの大切さを主張するのだ。そうすれば、心は惑わず、平静さを維持することができ、公正な判断力を発揮して、何事にも動じないで生きることが可能になるというのである。（『真説「陽明学」入門』林田明大）

脳から上記を説明すると、王陽明は、他人と自分を区別する左脳や、不安、我欲に関わる扁桃体・報酬系から離れて、周囲と一体化する右脳や愛に関わる視床下部（愛情ホルモンであるオキシトシンを産生）を心の主体にしなさい、ということになります。左脳と扁桃体・報酬系は自分の肉体を守るためにありますから二元論になりますが、右脳と視床下部は全体をひとつとみますから一元論になります。

人間は肉体がある以上、どうしても左脳を使って自分を他人より上にもっていこうとしたり、扁桃体・報酬系が刺激されて、自分のことしか考えなかったり欲望に溺れたりしがちですが、それではストレスに振り回されやすくなり、不動心をもてない、幸せになれないと王陽明は主張しているわけです。

心即理は、実は量子力学で説明できると私は感じています。驚いたことに、王陽明の主張は、量子力学と非常に似ているのです。

先生（註：王陽明）が南鎮へ遊びに行かれたとき、同行の一友が、岩間に咲いている花の木を指して質問した。

「天下に心外のものはないとおっしゃいますが、この花は深い山奥で自然に咲き自然に散っていくだけです。ということは、私たちの心と何の関係があるのでしょうか」

先生がおっしゃった。

「君がまだこの花を見なかったときは、この花は君の心とともに静寂の状態にあった。いま君がここへ来て、この花を見たとき、この花の色はいっぺんにはっきりとしてきたのだ。これで、この花が君の心の外にあるものではないことが分かるだろう。（『真説「陽明学」入門』林田明大）

量子力学では、すべてのものは波動と粒子であり、ふだんは（右記でいうと静寂状態）波動で存在しているが、観察者が見たとたんに粒子になるというものです。量子力学は自然界の「理」をつきつめたものですが、図らずも王陽明が心即理を説明した内容が、量子力学に酷似していることが、右記の発言からわかります。

左脳、扁桃体・報酬系は肉体に関わっているため、量子力学でいうと粒子にあたると私は考えています。右脳・視床下部は、最初の章でのべたように波動にあたります。本来の心は、右脳・視床下部にあるため波動であり、波動であれば周囲と共鳴し一体化するため分けることはできず、一元論になります。その心の本質を、肉体があることでどうしても左脳、扁桃体・報酬系が働き、覆ってしまいがちになることを王陽明は警告し、心（右脳、視床下部）と理が一体化した状態に戻すべきだと主張しているのです。

渋沢栄一の人生を振り返ると、心即理の生き方をしていたと私は感じています。彼の脳は右脳主体なので、人に対する仁の気持ちが強く、しかし左脳もレベル高く使って、多くの会社や慈善事業を立ち上げていきました。

彼は、岩崎弥太郎のような、ライバルの足を引っ張り、自分だけがその分野で一番のお金持ちになるといった左脳、扁桃体・報酬系的なやり方ではなく、みんなが自分本来の才能を発揮してそれぞれの場所で輝くように手助けをして、全体が幸せになっていくというやり方で、会社をつくり慈善事業を行いました。

彼のやり方はまるで、自然の理を人間界に応用したようにみえます。自然の理は、全体がひとつで、その中でそれぞれが役割を果たして一所懸命に生きていくことが本質だからです。これを実業界でやるのは至難の業ですが、それを、論語と算盤を巧みに使い分けながらやり遂げたのが彼の一生だった、と私は感じています。

陽明学の影響②「知行合一」

次に、知行合一です。一部は第一章でも引用しましたが、知行合一に関する本質的な話なのでもう一度引用しました。

知と行は別々のものではない。だから、すこしでも思念が生じれば、それがすなわち行いである。これが、〈知行合一〉説の立言の宗旨である。
つまり、ものごとを対立する二つのものに分ける考え方の弊害と、心の中の動きをも行為とみなすこと、これが陽明のもっとも言いたかったことである。世の中やそれぞれの人生を混乱に陥れているのは、ものごとを二つに分けて考えるところに原因しているのだと、陽明は主張している。
心と理、心と万物は一体である、という考え方からすれば、心と身体は一つのものであり、思いと行動は一つのものだ、という考え方が当然導き出される。（中略）
知行合一について質問した。先生曰く
「このことは、まず私の主張の本当のねらいをよく理解してもらわなければなりません。

いまの人の学問では、知と行を分けて二つのものとします。ですから一念が動いた場合、たとえそれが不善であっても、実際の行動の上に現さなければ罪悪でないとして、あえてこれを禁止しようとしないことがあります。私がいま、知行合一を主張するのは、このような考え方を否定して、人に一念が動いたとき、それはすなわち行ったことであることを、よく知ってほしいからなのです。念慮（思い）が動いたときに不善があれば、この不善の念を克服させて、必ず徹底的にその一念の不善が胸中に潜伏して、残ることがないようにさせることなのです。これが、私の主張の根本趣旨なのです。（『真説「陽明学」入門』林田明大）

人間の日常生活の行動のほとんどは、大脳ではなく小脳が主体でやっています。そのため小脳には、運動のみならず考え方や情動の型が入っています。普段人間はその型を使って行動しているので、たとえ些細なことに対してでも、どういう行動をとったのかを仔細に観察すると、その人の小脳に入っている考え方や情動の型が、白日のもとにさらされることになります。

論語にこういう言葉があります。

「其の以てする所を視　其の由る所を観　其の安んずる所を察すれば　人焉《いずく》んぞ廋《かく》さんや　人焉んぞ廋さんや」（出典：為政第二（十））

（訳：その人の行動を注視し、何故そのような行動を取ったのかを観察し、その行動目的、結果を調べたなら、本性を隠そうとしても隠しおおせるものではない。心の底まで見抜けますよ）

私事になりますが、三十代半ばに、脳腫瘍の研究のため米国に留学したことがありました。その時、留学生の仲間とよくゴルフをやったのですが、その中に米国で奨学金を得て、研究成果を上げている人当たりのいい人がいました。その米国でも通用するような優秀な研究者だと思われた彼が、ゴルフをやるとスコアをごまかすことがしばしばありました。些細なことかもしれませんが、それをみて、彼の研究は信用できないと感じました。

つまり、一事が万事で、扁桃体・報酬系をコントロールできていない人は、日常生活の小さなことでも自分の仕事という大きなことでも、自分の有利になるように、事実を捻じ曲げることがよくあります。心の中の不善を摘み取る努力を怠ったために、隠そうとしても隠しきれず、ふだんふとした時に、自分の不善の心が行動に現れ、他人に本性を見透かされるのでしょう。
渋沢栄一ほど、知行合一を実践した、つまり自分が言っていることと行動が一致している人はいないと思います。彼は、論語という「知」と、算盤という現実社会における「行」を一致させるという、誰もなしえなかった厳しい命題を生涯追求したといっても過言ではありません。

慈善事業でも、単に仁の心をみせるというだけではありませんでした。本当の仁は、恵まれない人が社会で自立することを助けるといった、誰もが目に見える結果を出すことだという信念がありました。彼が幼い頃から学んできた論語という思想に、算盤という肉体を与え、理想とする生き方を算盤をも駆使して実行し、孔子でさえも結局できなかった、現実においていい結果を出すという偉業を成し遂げたのでした。

この彼の知行合一に基づいた思想、行動は、若い頃から一貫していました。彼は、倒幕のために父親の反対を振り切って家を飛びだしますが、それは論語と算盤を一致させる陽明学が彼の底流に流れていたからでした。父親は論語も算盤も得意でしたが、それを一致させるという陽明学には生涯無縁でした。

陽明学の影響③「致良知」

最後に、致良知についてです。

〈良知〉とは、是非善悪を知る能力のことであり、「仁・義・礼・智」の四つの徳のことである。同時に良知とは万物の精霊であり、万物の根源でもある。つまり、心の中に誰もが持っているものごとの善いこと、悪いことを知る能力、「仁・義・礼・智」の四つの徳を発揮して生きることが、自立への、迷いから覚醒への、悟りの道である、と陽明は説いたのである。（中略）

内面の工夫をして〈良知〉に目覚める、気がつくだけでは駄目で、同時に「致す」という外面の工夫と実践の努力をしなければ、真の「不動心」は養えないのである。（中略）「私は、この良知の説を百死千難の中から獲得したのです。容易なことで、ここまで悟れたのではないのです」

つまり、良知の説は、陽明が死ぬ目に百度も出会い、困難という困難を千度も切り抜けてきた、その間に体得したものであった。

陽明は、朱子や当時の他の学者たちとは大きく違っていた。三年間の島流し同然の生活があり、命令を受けて何度も戦場へ行かなければならなかったし、窮地に陥ることもたびたびであった。政争で身に覚えのない非難や中傷を受けたし、プライベートな家庭内の問題も抱えていた。

では、〈致良知〉を体得したときの境地とは、一体どんなものなのだろうか。陽明は次のように述べている。

先生がおっしゃった。

「良知は、万物の精霊です。この精霊から天が生じ、地が生じ、鬼神が生まれ、天帝が生まれ、この世のすべてのものが生まれてきました。これは、ものと対立することのない絶対の存在です。人が、もしこの良知に返ることができ、完全無欠な状態であるなら、小躍りするような法悦（エクスタシー）を体験するでしょう。この世の中に、これ以上の楽しみはないのです。（『真説「陽明学」入門』林田明大）

右記に関して、私は脳からこう考えています。人間の細胞は、約六十兆個あるといわれていますが、これらの細胞が、生まれた時からお互い調和してそれぞれが役割を果たし、

生育発展していくには、中心にそれを指揮統合するものが必要です。

それが視床下部であり、いい状態から少しでも悪い方向に行こうとすると、元に戻す力、つまりホメオスタシスが働きます。視床下部は、オキシトシンのような物質のみならず、波動（電磁波）で脳や身体全体をいい状態に常にもっていこうとしていると思われます。しかし、ストレスで扁桃体・報酬系が過剰に活性化されると、一過性にせよ視床下部はそれに振り回されてエネルギーが落ちることがあり、それが自律神経の障害や、はては病気につながってしまいます。

つまり、視床下部には、心や体をいい状態に保とうという「良知」があり、それは万人に共通です。ところが、ストレスによる扁桃体・報酬系の活性化、つまり私意に妨げられると、良知の発現が抑えられ、視床下部が弱るという誤った方向に行くことになるので、それを乗り越える努力が必要だということです。

もちろん、生きていくということは、王陽明ほど波乱万丈ではないにせよ、どんな人にも大なり小なりストレスが必ずあります。それを、良知＝視床下部を使って乗り越えることで、視床下部のエネルギーが乗り越える前よりも上がり、扁桃体・報酬系に左右されない、つまりストレスで動揺しない不動心に近づくことになります。
おそらく、百死千難のストレスを乗り越えることで視床下部のいい波動（良知）のエネルギーが強大になると、周囲の人たちのいい波動と共振することで、法悦の境地に達するのではないかと私は推測しています。

渋沢栄一は、まさしく良知を現実で実行した人生を送りました。仁の心をベースにして、多くの人が恩恵を受けるような産業を興しました。義、特に恩義をすごく重んじていて、徳川慶喜から受けた恩を、生涯をかけて彼の伝記の執筆等で返そうとしました。それだけではなく、彼は、少しでも恩を受けた人に対しては、生涯その人やその子供を助けました。

若い頃は血気盛んでしたが、年をとるにつれて人を包みこむようなおだやかな礼の心をもつようになりました。息子によると、渋沢栄一が慌てたりしているところは見たことがない、また暑い中汽車に乗った時も、正装で背筋をのばして、長時間疲れもみせず座っていたそうです。そして、現実の中で結果を出す智（算盤）がありました。

つまり、彼は仁・義・礼・智である良知を、現実の中で致す、つまり実行することを生涯行ったわけです。それによりおそらく、彼の視床下部の波動のエネルギーがどんどん高まり、それが周囲の多くの人の魂と共振して、社会においてはそのエネルギーの伝搬により、とても一個人では成し遂げられない驚異的な成果につながりました。

それがどれほど多くの人に影響を与えたかは、亡くなった時に、四万人を超えた人が見送ったことをみても明らかでしょう。そして自分自身も、九十歳を越えても身の回りのことは自分でき、新聞も眼鏡をかけず読めたという健康にめぐまれて、死ぬまで現役で仕事をするという理想的な人生を送りました。

これも、エネルギーが充実して、日々幸福感があるからできることだと思われます。彼が死ぬ間際に残した言葉は以下のようなものでした。

「たとえ私は死にましても、魂はみなさまの御事業を守護いたします」（『渋沢栄一　論語篇』鹿島茂）

生涯、宗教のような非科学的なことは信じなかった渋沢栄一でしたが、自分の中にある魂（＝良知）が自分の原動力であり、それが現実の中で周囲の人の魂と共鳴することで、奇跡ともいうべき多くの事業を作り上げたという実感があったからこそ、発せられた言葉のように私は感じます。

最後に、脳科学的に彼の生き方をひとことでいうと、波動と関わる視床下部や右脳を主体にしており、それらが周囲と共鳴する、強くていいエネルギーをもっているため、肉体と関わる左脳や扁桃体・報酬系をコントロールすることができました。

そして、そのエネルギーを利用して、自分と関わる人々と魂が共振しながら、どんどん自分の魂を高めていった稀にみる幸せな人生だったように私は感じています。

四章

渋沢栄一から学んだことを我々はどう引き継ぐか

（論語）

故《ふる》きを温《たず》ねて新しきを知る、以《もっ》て師と為《な》るべし。

（出典）為政第二（十一）

(訳)

歴史上の出来事をしっかりと検証し、真実を見抜く力を養うことによって、これから起きる事柄に対しても正しい判断を下せるようになる。そのようなことがしっかりとできるようになって初めて、人を教え導く師となることができる。

量子力学と波動

この本の最後の章では、渋沢栄一の生き方、脳の使い方を参考にして、我々は今後どういう方向に向かえばいいのかを考えてみます。まず最初に、前章の最後で波動の話をのべましたので、それに関してもう少し触れたいと思います。

「量子生物学」という最先端の分野が、今急速に発達しています。生物学を量子力学から解析する学問です。なぜ今、生物学が最先端の物理学である量子力学を取り入れざるをえなくなったのかの歴史的な背景は、以下のようになります。

生物学の歴史は古代にまでさかのぼりますが、二十世紀半ばまでは、化学や物理学といったほかの自然科学とはほぼ無関係に、独自に発展してきました。しかし二十世紀半ば、様々な分析方法の発達によって、生命現象を化学や物理学のレベルで研究できるようになり、分子生物学という新たな分野が生まれました。その代表的なものが、ワトソンとクリックによるＤＮＡの構造の発見になります。

これは、物理学的手法を使って生体物質の分子構造という化学的性質を解き明かしたという意味で、生物学・化学・物理学にまたがる新たな学問の潮流の先駆けといえます。その後、分子生物学は大きな発展を遂げ、基本的な生物現象のメカニズムを次々と解明してきました。しかし、同時にその限界もみえてきました。『量子力学で生命の謎を解く』（ジム・アル＝カリーリ、ジョンジョー・マクファデン著　水谷淳訳）に次のようにあります。

しかしその間、多くの人は、生体物質の構造や振る舞いをいわゆる古典的にとらえていた。つまり、原子をプラスチックの球で、化学結合を硬い棒で表現した市販の分子模型のようなものとして生体分子をイメージし、その棒が切れたり作られたりして、球がここからあそこへ動くことが生化学反応にほかならないと考えていた。実際、そのような考え方に基づいて多くの生命現象をうまく説明することに成功したが、それだけではどうしても腑に落ちない事柄がいくつも残った。たとえば、酵素の高い効率と選択性はどのようにして実現しているのか？　鳥やチョウなどの渡りをする動物は、どのようにして方角を知るのか？　そして、生物と非生物の違いはどこにあるのか？

一方、物理学の分野では二〇世紀初頭に、ミクロな世界の現象を記述する量子力学が誕生した。量子力学によれば、分子は球と棒でできた古典的な物体とはまったく違う。電子は直感では理解しようのない形で雲のように広がっているし、原子も模型の球とは違って、ここからあそこへ瞬時に移動したり、同時に二カ所に存在したりすることができる。化学者はこの不気味な量子力学を使って、さまざまな化学反応のしくみを解明することに成功した。しかし、生命現象も掘り下げれば化学反応に行き着くのだから、生物にも量子力学が何らかの形で関係しているのではないか？ 古典的な模型ではどうしても説明がつかなかった生命現象も、量子力学を使えば解明できるのではないか？ この考え方こそが、量子生物学の基本的なアプローチである。

量子生物学が対象としている生命現象は多岐にわたる。本書ではそのような生命現象の例として、酵素作用、光合成や呼吸、嗅覚や磁気感覚、遺伝を取り上げている。その多くは、生物が生きる上でどうしても欠かせない基本的な作用で、そこに量子力学が決定的な役割を果たしていることがいまや明らかとなっている。さらに本書はもっと踏みこんで、人間の精神活動、生命の起源、そして生と死の違いもまた、量子力学に基づいて説明できるのではないかと説いている。

今世界における研究分野の中で、量子力学を応用した量子コンピューターなどの開発が急ピッチで進んでおり、日本においても、量子力学を応用したアプリを用いて現実を改善する、たとえばそのアプリで加工された靴底のソールを履くと体のバランスがよくなる、といった技術が実用化されています。

前述の本においても、生物が生きていく上できわめて大事な反応、それは高速で精妙なものですが、そのメカニズムは量子力学でしか説明がつかないとのべています。つまり、生物における大事な基本となる反応は、実は波動が関わっていることが最先端の科学で証明され、それがいよいよ実用に使われ、結果を出すような時代になってきたのです。

脳に関しても、神経伝達は実は波動が関わっていることが量子力学で証明され、電磁波で神経系が作動していることは、疑いのない明白な事実となっています。実際、電磁波を使ったうつ病などに対する治療装置が、欧米や日本でも登場して成果を上げており、脳が波動を介して働いていることはまぎれもない事実になっています。

そういう意味で、渋沢栄一の脳の使い方を脳科学的に解析し、彼の脳の中で視床下部や右脳のような、波動と関わっている部位が彼の偉大な生き方に大いに関わっているという前章の結論は、科学的に荒唐無稽な話ではなく、むしろ最先端の科学に基づいた本質であるといってもいいのではないかと私は考えています。

この本で渋沢栄一から学んだ脳の使い方は、ストレスを乗り越えて幸せに生きるための本質的なものであるということは、様々な分野でみることができます。彼の、左脳、扁桃体・報酬系という肉体（粒子）を主体にせず、右脳、視床下部といういい波動を主体にして、前者のエネルギーを公にもっていく生き方は、過去、王陽明をはじめ多くの人が、悟りを得るために推奨している瞑想においても、共通する面があると私は思っています。

その瞑想に関して、非常に明快な説明をしている山下良道さんという、現在、鎌倉一法庵で瞑想を指導している住職の方がいらっしゃいます。彼は「青空につながる瞑想」を提唱しています。著書『本当の自分とつながる瞑想』では次のように書いています。

本来の瞑想とは何か。

シンプルに答えれば、「シンキングマインド（註：欲や煩悩に惑わされ、常に落ち着きなく不安定な思考が止まらない心の状態）がフル回転しているAという次元から、その日常とは異なるBという次元へジャンプすること」です。B次元とは、シンキングマインドから自由になった青空の世界を指します。

B次元へ移動し瞑想を深めていくことで、瞑想以外の時間も心の状態が変わってきます。シンキングマインドの暴走がコントロールできるようになり、その暴走がもたらしていたすべての災厄から解放されます。

では、どうすればB次元へ移動できるのか。

その入口となるのが、三章でお話した「内なる体」です。

内なる体とは、「体の中にある微細なエネルギーに満ちたフィールド」を指します。

実は、私たちの体は、微細なエネルギーの集合体でもあります。青空というもうひとつの領域に入っていくために、必ず途中で通過する場所がこの内なる体です。（中略）

この本では、まず次の3つの瞑想をご紹介します。これらの瞑想によって、あなたはゆったりと呼吸しながら、普段の荒い感覚の領域を出て、内なる体の微細な感覚を感じ、青空の領域へと入っていきます。そして、シンキングマインドから自由になり、本来の自分である青空へと戻っていきます。

パート1…体の微細な感覚を観る瞑想

パート2…慈悲の瞑想

パート3…呼吸を観る瞑想

彼のいうシンキングマインドとは、私でいう左脳、扁桃体・報酬系、つまり思考や欲、不安感に振り回される脳の使い方になります。そのA次元からジャンプするために、体の微細な感覚、エネルギーを観るというのは、そこから右脳、視床下部を主体にするB次元に行くということになります。

慈悲は、やはり右脳や視床下部が関わります。呼吸は、脳の様々な部位が関わっていますが、扁桃体が過剰に活性化すると過呼吸になることがわかっています。呼吸を観るということは、呼吸に巻きこまれずに客観的にみることで、扁桃体の過剰な活性化から逃れることにつながると思われます。

つまり、「青空の自分」、これは王陽明のいう不動心の自分といっていいでしょうが、これになるには、瞑想により、左脳、扁桃体・報酬系主体の自我から、右脳、視床下部主体の自我へジャンプしなければいけない、ということを山下さんは説いているのです。

瞑想中は、好き嫌いや、正しいかどうかの判断をしてはいけないとよくいわれますが、これは左脳、扁桃体・報酬系を使うなということに当たります。そして、ジャンプして本来に戻ったB次元の自我は、まさしく、この本でみてきた渋沢栄一の脳の使い方に他なりません。

なぜ日本人は新型コロナに強いのか

この、左脳、扁桃体・報酬系主体の自我から、右脳、視床下部主体の自我へシフトしないと、「青空の自分」、つまり不安感のない幸せな自分になれないということは、今問題となっている、新型コロナ禍における生き方にも密接に関わると私は考えています。

西側ヨーロッパや米国に比べて日本の死亡率が極端に少ないのも、実はそこが関わっていると私は感じています。どういうことかお話しします。

左脳、扁桃体・報酬系主体の脳の使い方は、自分と他人を区別する、二元論の世界になります。西側ヨーロッパや米国は、まさしく二元論で世界を支配してきました。キリスト教を信じているか異教徒か、白人か非白人かどうかを判断基準にして、アジア、アフリカ、アメリカ大陸の国々を力でねじ伏せ、植民地化してきた歴史があります。第二次世界大戦後に植民地がなくなっても、その延長上で、今も国内で、富める支配層と彼らに搾取される貧しい被支配層の二層構造があります。そして、貧しい人たちの多くが、コロナに感染し死んでいっているのが現実です。

一方、日本は元々右脳的で一元論であり、病気も含めてすべてを、周辺の国から受け入れてきました。そのため、日本人はかつてコロナに感染した時にしか出てこないＩｇＧという抗体が、感染の初期から血中にみつかっており、もしかしたらこれは、過去に似たようなコロナウィルスに感染して、新型コロナにも効果がある抗体をつくる遺伝子をすでにもっているのではないかという説もあります。

つまり、一元論ですべてを拒否することなく受け入れて来た日本人は、どんな人、ものでも共存を優先する歴史から、過去に多くの種類のコロナに感染しており、新型コロナであっても、それと共存するすべを獲得していたということになります。これは、新型コロナを、敵であり悪であると見立てる二元論的な発想で、都市をロックダウンするような欧米とは全く違う話です。

そして、私が思うに、二元論では、決して新型コロナを乗り越えることはできません。

なぜならば、新型コロナを敵として忌避する考え方では、このウィルスの感染力が強いため、経済を再開すると感染が増えて死者が増加し、それを防ぐためにロックダウンすると、経済が落ちこんで、それによる自殺者や、閉じこもるストレスや運動をしないことにより免疫力が落ち、そのため病人が増え、どちらにしても出口がみえないためです。

日本のように、新型コロナと共存し、たとえ感染しても、免疫力を上げることで発症を防ぐようなアプローチしか出口はないと思います。特に日本は、死亡率が低いので、免疫力さえ上げれば経済活動は問題なくできるはずです。

では、なぜ日本において死亡率が低いのかというと、私はやはり波動が関わっているのではないかと推測しています。新型コロナに対する抗体反応も、実は肝心なところは、量子力学でいう波動が関わっており、新型コロナを敵とみてやっつけようとする欧米のスタンスと、コロナと共存して仲良くしようとする日本のスタンスでは、新型コロナも波動をもつ生物ですから、どちらのほうが強毒化し暴れるかというのは、容易に想像できる話かと思います。

いずれにしても、新型コロナの登場で、世界は急激に変わりました。私は、コロナ後に、人々はふたつの群に分かれていくと考えています。

まず、最初の群は、従来からいる左脳、扁桃体・報酬系主体の人たちです。実は、欧米だけでなく日本でもこのような人が増えました。上記のように、この人たちは二元論なので、新型コロナを乗り越えることが困難で、そのストレスで、コロナ以前に比べて厳しい状況に置かれ、じり貧になっていくと思います。

もうひとつの群が、新型コロナというストレスを契機に、右脳・視床下部主体の、本来の自分に戻って生きていく人たちです。この人たちはいい波動をもっているので、それぞれの魂が共振して、そこに入れば幸福感を感じる家族のような集団をつくっていくのではないかということです。

周囲の人を観察すると、新型コロナは、この二群のどちらに属するかの踏み絵のように感じます。新型コロナにどう対処するのかをみることで、その人の脳の使い方がわかりやすくなったと私は感じています。渋沢栄一も、当然後者の群に入るので、新型コロナが彼の時代に流行しても、びくともしなかったはずです。

では、渋沢栄一の生き方を参考にして、日本の各分野で、今後どのような方向にいくのかが、幸せにつながる道なのかを考えてみたいと思います。

左脳が主体になると人類は破滅へ向かう

まず、渋沢栄一が社会をどのような方向にもっていこうとしていたのか、その根底にあるのはもちろん「論語と算盤の一致」ですが、その方向性を、彼のたどってきた人生を振り返って、みてみたいと思います。

彼の人生は、論語を生き方のベースに置いていたわけですが、ほぼすべての会社や事業から手を引いた晩年、最後まで慈善事業の中核である養育院の院長の座は手放しませんでした。それをみると、論語の言葉の中で仁を最大の価値観においていたのがわかります。

三十代で官から民に移ったのも、その当時一番下にみられていた商工業を盛んにして、庶民を豊かにしたいという、弱い者に対しての優しい目線があったからといってもいいでしょう。これは自然界の法則と同じで、強いか弱いかにかかわらず、それぞれが全体の中で役割を果たして精一杯生きる、その自然界の法則を、庶民を元気にすることで社会の中で具現化しようとしたのが、渋沢栄一の根底にあった考え方のように思います。

その証拠に、慈善事業に関しても、単にお金を出すのではなく、病気を治したり、教育を受けさせて、社会にできるだけ参画させるような方向にもっていきました。社会的に弱い者も、精一杯役割を果たして社会の一員として頑張るような生き方が、彼らが一番幸せに至る道であることを彼は知っていたのです。

そして、慈善事業にしても商工業を盛んにするにしても、算盤勘定、つまりお金が必要です。右脳の仁を支えるために、左脳の智を使ったのです。

左脳は、両刃の剣です。左脳を主体にしてしまうと、勝ち組と負け組が出現し、社会はぎすぎすした方向に行き、勝ち組といえどもいつ転落するかわからないという不安感でますます勝ち負けにこだわり、誰もが幸福感のない状況に陥ります。地球規模でみると、戦争や自然破壊は、左脳が主体だから起こっているわけです。左脳を主体にしてきたがゆえに、人間は地球を破滅に向かわせているのが現状だといってもいいでしょう。

渋沢栄一のように、右脳の仁を主体にして、左脳の智がそのサポートにまわると、多くの産業が興り、多くの弱い庶民が生き生きと働くようになり、その顧客が恩恵を受け、多くの人の幸福感が増進されることになります。

私は、渋沢栄一のように、右脳を主体にし、左脳が右脳をサポートする脳の使い方が、これからいろいろな分野で必要だと感じています。

たとえば、渋沢栄一が基礎をつくった日本の商工業に関しても、高度成長期のような勢いはなくなり、世界的にみて競争力が落ち、かげりがみえているのが現状です。もちろん様々な要因はあるでしょうが、私が今まで企業でセミナーをし、脳テストを受けてもらい、働いている人の脳の状態をみて感じるのは、多くの社員、特に若い人が大きなストレスを抱えていることが、業績の足を引っ張る大きな原因のように感じます。

新卒で就職した人の三割が、三年以内に会社を辞めるという最近のデータがあります。私がその要因として感じるのは、若い人は最初から仕事ができるわけではないのに、左脳主体のやり方で、数字を価値観のトップにおいて競争させ、それに負けて辞めるような人はしょうがないという傾向が最近顕著になっているということです。

左脳主体で企業を運営するのは、企業を長く存続させるのには、決していい方法ではありません。なぜならば、企業の究極の目的は、いい製品をつくって顧客に幸福感を与え、その結果として企業を存続させることであり、幸福感のない社員が多くいる企業は、顧客に幸福感を与えるような製品をつくるのは当然難しく、いずれ競争に負けることになるからです。

左脳は、目先の数字を上げるために使うのではなく、顧客に幸福感を与えるために働く右脳をサポートして、いい製品をつくるために使うべきなのです。

そして、多くの若い人が企業を辞める原因のひとつに、発達障害の人が増えたことがあります。これも、脳からみると、左脳を主体にしたために起こっていることです。両親、特に母親が、渋沢栄一の母親えいのように、右脳主体で子供と一体となって愛情を注ぐのではなく、左脳主体で、子供と愛情深い一体感のある人間関係をつくれなかったり、体に悪い食を子供に与え、子供がストレスを幼い頃から感じることが大きな要因となっています。

今、発達障害の子供は右肩上がりで増えています、これを放置すると、日本の存続に関わる大きな問題になってしまいます。我々は、多くの発達障害児を改善させてきた実績のあるエジソン・アインシュタイン協会の鈴木昭平先生と組んで、彼の子供への治療と並行して、親に脳テストを受けていただき、彼らの感じているストレスを軽減したり、子供にプラスになる脳の使い方をアドバイスすることを開始しました。これも、鈴木昭平先生の、発達障害を治したいという仁の心をサポートして、我々が左脳的な脳科学を使って、両親の脳の使い方を数値化し、それを基にしてカウンセリングをし、両親も生き方をよくしていくことで子供にもいい影響を及ぼしていこうという試みになります。

渋沢栄一を育てた右脳中心の教育に戻るべき

家庭での教育がもちろん一番大事ですが、就学したあとの教育も、渋沢栄一に学ぶ必要があります。彼が不倒翁とよばれ、激動の幕末から明治、大正、昭和にわたり、多くの困難を乗り越えて偉業を成し遂げた大きな秘訣は、彼が論語などの人間学を素読で学び、人生の岐路においてその言葉を思いだし、判断を間違えなかったということです。

つまり、子供の頃に、ストレスを乗り越え成長することに役立つ言葉を小脳に型としてつくってしまうことを、教育の大きな柱にすべきだということです。

生き方に関する教育に比べれば、今学校で行われている左脳的な知識の教育は、枝葉にしかすぎません。ましてや、今後ＡＩが発達して、左脳的な職業のほとんどが将来ＡＩにとってかわられるであろうといわれている状況で、左脳主体の教育をいまだに続けていることは、脳からみて時代錯誤としかいいようがありません。

今こそ、右脳主体の、渋沢栄一を育てたような教育に戻るべき時期でしょう。渋沢栄一があれほど成功したのも、多くの絆の強い人脈があったからこそです。人と人との絆を強くする、家族のような関係にする教育こそ、多くの問題が山積した日本をもう一度再生するのに、今からでもやるべきだと私は強く感じています。

最近のニュースで、日本の子供が、幸福度が世界の中で最低ランクであるというのがありました。周囲の人たちと幸福な関係が結べていない子供や若い人たちに、脳テストを使ったカウンセリングで接することが最近しばしばあります。彼らに会うと、可哀想で胸が締め付けられるような気持ちになり、この渋沢栄一の脳の使い方をぜひとも学んでほしいと、この本を書いていて強く感じています。

そして最後に、私のたずさわっている医療について、渋沢栄一から学んだことを基に、今、我々が取り組んでいること、これからどういう方向を目指しているのかをのべたいと思います。

医療に関しては、他の分野と同じように多くの問題が山積しており、どこからどう解決すればいいのかわからないというのが、おそらくほとんどの人が感じている現状でしょう。医療費は右肩上がりに上がり、それに対して国が医療費を削減する策をいろいろ打ち出していますが、医療現場は国の医療費抑制策のあおりをくって赤字が膨らみ、ますます手術件数を増やそうとしたり薬を多く使おうとするため、医療費がさらに増えるという悪循環に陥っています。

そのような医療の現場の悪弊を一度でも経験した患者やその家族は医療不信になり、しかしどこに頼っていいのかわからないというのが現状です。

なぜそうなったかを脳からいうと、近年医療が左脳、扁桃体・報酬系に傾きすぎたせいだと現場をみて感じています。つまり病院は症例数を増やして収益につなげることを運営の第一優先にしたり、医者は患者さんの不安感を引き起こす言動をして入院させ、自分の技術や名声を上げるために症例を稼ごうとしたり、患者さん側も自分の健康を自分で守るのではなく、不安感があるとすぐに医療に依存したりすることが、以前に比べて顕著になりました。

医療に長年たずさわってきた私としては、次の世代に大きな宿題を残さないように、自分の世代で医療を少しでもいい方向にもっていきたいとずっと考えてきました。脳からいうと、医療を左脳、扁桃体・報酬系主体から、幸福感を目指す右脳、視床下部主体にしなければならないということです。

医療のかかえる様々な問題を唯一解決する方法が、予防医療を日本全国に普及させることしかないということで、我々はそのための活動を四年前から始めました。予防医療をできるだけ多くの人、特に家庭の中心を担っている母親が勉強して実践し、家族が病気にならないようにすることが、医療費を下げる根本的な解決法です。当然のことですが、病気が減り健康な人が増えれば、医療費は下がります。これは医療費の問題のみならず、人間が幸せに生きる本質にも関わります。

死ぬ寸前まで元気で生きていくことが、人間にとって一番幸せなことです。しかしそれは理想であり、病気なる人は必ずいます。万が一そうなった際には、医療に関する多くの有用な情報を得ることで、多くの選択肢をもって病気に対処できるようになります。多くの有用な情報を得ることで、たとえいい結果が出なくても、やることはやったと悔いなく治療を受けることができるようになります。

そのためには、西洋医療と補完代替医療をうまく組み合わせた統合医療について、普段から適確で豊富な知識をもっていることが大事です。

私はずっと西洋医療の最先端をやってきて、多くの患者さんの治療に立ち合い、西洋医療がどうしても必要な場面は多々あると考えています。特に病気の急性期や厳しい状態の時には、西洋医療は威力を発揮します。しかし、西洋医療は、生活習慣病を根本的に治すものではなく、あくまで対症療法になります。病気を根本的に治すには、自然治癒力の中枢である視床下部をいい状態にもっていかないと、うまくいきません。視床下部がうまく働いていない状態で西洋医療をやっても、病状がむしろ悪化したり、たとえいったん治っても再発したり、また別の病気が出てくるからです。

さらにいうと、西洋医療は正常細胞を傷めることが多々あり、視床下部を弱らせる方向に行きがちです。だから、西洋医療に関しては、極力副作用が出ない程度に行うべきだと考えています。ただし、西洋医療は検査には強いので、病気になれば、検査に関しては密に行い、病状の変化を敏感に察知して素早く対応したほうが、病気を手遅れな状態にまで放置しないという意味では、必要なことになります。

また、西洋医療と全く縁を切ってしまうと、病状が厳しい時に行くところがなくなるので、西洋医療の病院とは、検査のみでもいいので、何らかの形でつながっておくほうがいいと私は考えています。

これからのあるべき医療

では、補完代替医療の役割ですが、これはたとえば入院した最初から、病室においても、徹底して行ったほうがいいと私は考えています。なぜならば、補完代替医療は、視床下部を元気にする医療なので、西洋医療の副作用を減らし、効果を増強させることが多いからです。

なによりも補完代替医療のいいところは、患者さんを元気にする、生活の質を上げることです。そして、視床下部を元気にするので、西洋医療程切れ味は鋭くありませんが、長い目でみて根本的な治療につながると私は考えています。

このように、西洋医療、補完代替医療の特徴をよく知り、いいところを組み合わせるのが、私の考える統合医療です。このような統合医療は、日本人に向いていると私は感じています。西洋医療一本やりでは、日本人にとってどうしても合わないところが出てきます。たとえば、がんの告知です。統合医療の第一人者である水上治先生が著書『日本人に合ったがん医療を求めて』で以下のようにのべています。

「日本人はがん告知後一年以内の自殺率が通常の二三・九倍もあるというのです。国立がん研究センターと東京大学が共同で約一〇万人を二十年間追跡した論文で、信頼性が高いデータです。いくら何でも、この倍率は高過ぎます。

では、欧米人はどうなのか。スウェーデン人のデータを調べると、同じ状況の自殺率は通常の約三倍。また、米国国立がん研究所のＨＰによると、米国人も二・一倍でした。これらのデータから、日本人はがん告知後の自殺率が、米国やスウェーデンなど欧米に比べて約八倍高いことになります。

そのため、水上先生は、がんの告知は、最初のうちは小出しに状況を伝え、時間をおいて真実を告げることでショックを和らげる、そして余命まではいわないのが日本人にあっていると考えています。

脳からいうと、日本人は右脳主体、米国人は左脳主体なので、米国人は事実を知りたがりますが、日本人は決してそうではなく、患者さんの立場にたって、相手の気持ちを慮りながら告知すべきだということになります。

西洋医療は、病気を敵とみて、直接病変をやっつけようとする意味では左脳的ですが、補完代替医療は、様々な手段でいい波動を患者に送り、波動の中心である視床下部を元気にして、視床下部を中心に体全体を統一して病変をよくしようとする意味では、右脳的といっていいでしょう。そのため、右脳主体の日本人は、補完代替医療を併用したほうが、体に合っているということになります。

そして、上記の趣旨のふたつめにのべたように、いかに医者と患者さんが家族的な関係をつくるかというのも、日本人にとっては非常に大事なことになります。同じく水上先生の著書からの引用です。

医学の教科書では、「医師が冷静に患者に接しないと、客観的な判断力を失いやすい」といいます。米国の医療では、医師が患者に接近しすぎると、感情に流され、理性的な診断や治療に不利になるというのが定説です。しかし長年の臨床経験上、私はそれは間違いで、医師に患者に対する感情があっても、理性的な判断に不利は生じないと思っていました。

最近の研究によれば、感情が理性的な決定を邪魔するのではなく、むしろ感情が理性的な決定の導き手であることがわかってきました（たとえば、信原幸弘著『情動の哲学入門』）。感情の働きがないと、むしろ理性的な決定に不利なのです。

医師も患者を愛していいのですし、患者も医師を愛していいのです。患者の不安をきちんとわかる医師が必要です。今後は、患者や医師の感情を大切にする医療に改められねばなりません。

医師の役割の章の最後で述べた「医師も患者と一緒に悲しんだらいい」というのは、この考えに沿っています。一緒に悲しんでもプロとして冷静な判断力を失うことはない。医師も人間だから涙を流した方がカタルシス（浄化）によって、かえって冷静になれます。人間の心理とはそういうものです。自分の感情を感じとり、それを表現したら、ものが歪んで見えるでしょうか。

むしろ不自然に感情を抑えて距離をおきすぎるから、わだかまりが生まれ、医師も患者さんも不幸せになるのです。あまりくっつきすぎてもいけませんが、離れすぎてもいけない。ちょうどいい距離があります。


ここでいう感情とは、論語の仁の心に当たるのでしょう。それをベースにおかなければ、実は判断を誤ることになります。私も手術を行う時に一番気をつけるのは、患者の症状を悪くしない、手術後も日常生活を普通に送ってほしいという仁の気持ちに基づいたものであり、これがないと手術の各場面で判断を誤ります。この気持ちがあったからこそ、我々は、基本的には患者の症状を悪くしない覚醒下手術を、脳脊髄のあらゆる部位でできるような技術を確立したわけです。

つまり、右脳（仁）が主体で、それをサポートするのが左脳（手術技術）になるわけです。医療にも、論語と算盤があるといっていいでしょう。

話は変わりますが、予防医療を勉強することは、新型コロナの発症予防にも貢献します。

なぜならば、日本においては死亡率が欧米に比べて著しく低く、死亡する人は免疫力の低い生活習慣病の合併症のある方がほとんどだからです。

予防医療を学び実践することで、免疫力を上げ生活習慣病を予防すれば、たとえ感染しても、重篤なことになることはまずないと私は考えています。実際、私は予防医療をこの数年実践して、風邪を含め一度も病気にかかることがなくなり、ずっと苦しんできた花粉症も全くなくなりました。

以上のように、我々の取り組んでいる医療をよくしようという活動は、渋沢栄一が取り組んできた社会的企業、つまり社会問題の解決を目的として、なおかつ収益も両立させている企業と非常に共通点があります。

このような社会をよくしようという志をもった企業は、困っている人を助けて社会に参加していただき、幸せに生きることを手助けするということにつながります。これは、右脳の論語（仁）の心を、左脳の算盤（技術や資金）が支えて初めて可能なことです。活動を始めて私が感じたことは、達成困難なきわめて難しいことをやっているのは間違いないのですが、本質的なことに真正面から取り組んでいるので、我々が困った時に、多くの適切な人が現れ、適切な場面で助けてくれることです。

論語にこのような言葉があります。

「異端を攻むるは斯れ害あるのみ」（出典）為政第二（一六）

（訳）聖人の道、正道から外れたことを研究するのは、ただ害があるだけだ。

聖人の道、正道とは、陽明学でいうと良知になります。自分の魂の本質といってもいいでしょう。私に関してそれが何かといえば、自分の関わってきた医療を少しでもよくしたい、そのためには「医療の目的は患者を幸せにすることである」という本質に立ち戻り、それを少しでも現場で進めたいということです。

今それに賛同する人たちが次々と集まってきて、それぞれが自分の役割を果たし、楽しい雰囲気の中で自然と物事が進んでいます。私は公務員なのでボランティアでやっていますが、これに関わる幸福感は、お金では買えないものです。これは、左脳主体、つまり売り上げを一番の価値観として追い求める集団では決して味わえない幸福感であるように私は感じています。

渋沢栄一というひとりの人間から数多くの事業が生まれ、拡大していったその奇跡的な結果は、おそらく彼と一緒に働く人たちの幸福感が、事業を推進する一番大きな原動力になったのではないかと私は推測しています。そして、我々の活動の結果、年を取っても健康な人が増え、渋沢栄一がかつていったように「四十、五十は洟垂《はなた》れ小僧、六十、七十は働き盛り、九十になって迎えが来たら、百まで待てと追い返せ」とみんながいうようになれば、日本は再生するのではないでしょうか。

縄文の知恵に左脳を加える

人間は本当に進化しているのかという疑問をよく聞きます。縄文時代は平和で、皆が仲良く暮らしていたのに、文明が進めば進むほど争いが起こり、地球の自然は破壊され、昔に比べて幸福感が相当落ちているのは間違いないと思います。

その現状を打破するにはどうすればいいのかという答えを、渋沢栄一の人生が示していると私は考えています。彼ほど右脳、つまり人間どおしのつながりを重視した人はいませんでした。

それは日本国内のみならず、日米関係を改善するために米国に行った時にもみられました。日本を敵視する労働組合のトップと会談する予定を組んだ時も、最初その人は渋沢栄一と会うのを嫌がり三十分くらいにしてくれといっていましたが、話し合っているうちに意気投合し、二時間三時間と話がつきず、最後は立ち上がって演説を始めたほどでした。彼の人を魅了する力は国境を越えたもので、排日運動をしていたその当時の米国においても、非常に人気がありました。

人間関係をこのように重視しながら、左脳つまり合理性を使って、彼の目指している方向を支える資金もつくり、それを元手に彼の目指す社会的事業をどんどん広げていきました。つまり、彼のやり方は、誰がみても人間の進化につながっていると感じます。なぜならば、彼が弱い人を助けて社会に参加させるような資本主義を行うことで、社会全体がどんどん幸せになっていくからです。

縄文時代と違うのは、渋沢栄一は左脳をしっかり使って、西洋文明の最先端を日本に導入したことですが、それでも縄文時代のように多くの人々が幸せになることを彼が証明したのです。弱い人や自然が自分とは別だという西洋的二元論が、弱い者から搾取したり、自然を自分の利益のために破壊したり、自分を富ませるために他人と争うという社会や地球の退化につながっています。それと真逆のことを渋沢栄一がやったわけです。

彼は右脳主体の一元論で、すべての人が幸福になるように、左脳を利用して結果を出しました。この彼の脳の使い方は、世の中をよくし、さらに人間が本当の意味で地球をよくするためにこれからどうすべきか、という方向を指し示していると私は感じています。追いこまれている今こそ、人間が地球の足を引っ張るのではなく、人間の叡智を使って地球の進化に貢献すべき時が来ました。

その先鞭をつけた彼のような偉人をもったことに、日本人として感謝するとともに、彼の魂が教えてくれる道を我々日本人は学び、それに賛同する仲間たちと共に歩みながら、日本と世界をよくしていきたいと私は強く感じています。

おわりに

自分だけ幸せになる資本主義が今の行き詰まった世界をつくった

今、時代の転換点にさしかかっています。新型コロナで生活は激変し、多くの人が収入減、生活苦を余儀なくされています。また、繰り返し出される緊急事態宣言で否応なしに活動が制限され、今まで普通に行ってきた生活習慣ができなくなるなど、ひとつの時代の終焉を意味しているように思います。

つまり、今まで我々が慣れ親しんできたやり方、目に見えるもの、たとえばお金を追い求め、それが幸福につながると思いこんできた生き方を、これからは根底から変えないと、コロナ後の時代を乗りきっていけないということを否応なしにつきつけられたように感じています。

思えば渋沢栄一の生きた時代も激動の時代でした。幕末から明治維新にかけて、価値観が百八十度変わりました。その中で生き抜き、偉業を成し遂げた彼の人生の軌跡とその根底にある考え方を学ぶことは、同じように激動の時代を生きている我々にとって、大いなる教訓と勇気を与えてもらえるのではないかと、私はこの本を書きながら感じました。渋沢栄一は、最初農民の身分でありながら倒幕を目指しましたが、運命のいたずらにより幕臣の侍になり、そして新政府に仕える官吏になり、その後在野に移り、民間で起業をするという、目まぐるしい変遷をたどりました。

彼は時代の寵児といわれ、一生で二生分生きたといわれていますが、その原動力になっていたのが、生きる根底に不易のものをもっていた、それが論語と算盤にあたると私は考えています。彼の場合、論語を単なる知識としてとらえているのではなく、現実社会の中での行動の規範として、とことん実践すべきものであり、実際に実践したことが、結局、算盤にもつながったということになります。

たとえば、論語の仁を、社会の中で結果を伴うように実践するにはお金が必要ですし、そのために知恵を使うことで、自然とお金がついてくるということです。彼が、仁を幕末から実践しようとしたことが、彼のいとこたちのようにいたずらに武に走って暴発せず、明治維新以降いち早く、庶民に役立つ新しい産業を育成したことにつながりました。

そういう意味では、論語と算盤は真逆のようで、論語をつきつめれば、算盤がついてくるという表裏一体をなすものといってもいいでしょう。


しかしそれには、論語を常に上位に置き、算盤はそれを支えるためにあるということを常に念頭に置くことが必要です。順序を逆にしてしまうと、渋沢栄一と同時代に生きたカーネギーやロックフェラー二世のように、晩年に慈善事業はしましたが、それまではライバルを追い落とすことで算盤につなげたという人生を送りかねません。

彼らのような、自分だけ幸せになる資本主義が、今の行き詰まった世界をつくったといっても過言ではありません。

これからは、渋沢栄一のように、産業を通してできるだけ多くの人が幸せになるような資本主義にしないと、世界はよくならないと私は思っています。


しかし、本質は渋沢栄一の時代も現代も変わりませんが、今の日本は、渋沢栄一の時代と違うことがあります。それはどういうことかといいますと、彼の時代は、論語のような右脳が生き方の根本にある状態で、西洋列強に追いつくために、左脳の算盤を追い求める必要がありました。

翻って今は、西洋並みの技術は日本にあふれかえっており、算盤は十分ですが、論語が我々の生き方の根底から消えてしまったということです。それをどう取り戻すかは、非常に難しい問題だと私は感じています。

そのひとつの策として、私は脳テストを悩める若者に受けていただき、そこで何が問題かを説明して、生き方を考え直すきっかけにしていただくことを始めました。私のつくった脳テストは、論語的な生き方——これを日本精神と私は呼んでいますが——それをしているかどうかを一番の眼目にしているので、今苦しい思いをしている若者が、これからどのような方向に行けば立ち直って幸せな人生を送れるかが、直截にわかるようになっています。実際脳テストを用いてカウンセリングをしたところ、ひきこもって悩んでいた若者が、たった数ヶ月で元気に働くまでに至ったケースも出てきました。人は、本当に悩んだ時にしか、今までの生き方を変えようとはしません。

今の日本は、残念ながら、生き方に悩む若者を救おうという上司や仲間がほとんどいなくなり、また救えるような助言ができる、人生をわかっている大人がほとんどいなくなりました。そういう意味で、この脳テストは自分の生き方を数値化でき、今の若者もそれだと納得しやすいので、今後、論語的な生き方を広め、人々が幸せになっていく起爆剤になるのではないかと期待しております。

渋沢栄一は、彼が育成した産業が軌道に乗り、日本が豊かになっていくにつれ、日本が米国に警戒、敵視されることを危惧しました。そこで、民間の立場で米国となんとか仲良くできないかと、何回も渡米して多くの米国人と強い絆をつくり、日米が衝突する悲劇を回避しようと努力しました。

しかし、彼の危惧した通り、日米が開戦し、日本は敗戦により、国家の存亡の危機まで追い詰められました。そういう状況の中でも、彼が築いた産業が日本復興の中心となり、奇跡といわれるほど短期間の間に経済が回復し、日本は豊かになりました。

ところが、豊かになったことで、今の日本は、戦後の教育が原因と思われる論語の喪失により、医療、教育、仕事などあらゆる分野で保身優先、拝金主義になって行き詰まり、どこから手をつければいいのか見当もつかない状況になりました。

おそらく、渋沢栄一が明治初期に民間で起業をしようとした時も、彼が見てきた西洋に比べると、その当時の日本は全く何もない状態で、どこから手をつけていいのかわからなかったに違いありません。そんな厳しい状況にもかかわらず、彼とその仲間が奮闘して、西洋に短期間で追いつきました。

それを思うと、我々も、それぞれが渋沢栄一になって、家族的な絆の強い集団をつくり行動すれば、行き詰まりを打破することは決してできないことではないと私は感じています。なぜならば、我々の中には、先達である渋沢栄一の生き方がＤＮＡの中に眠っているはずだからです。彼の魂をしっかり受け継ぐことができれば、必ず世の中をいい方向に変えていける民族であると私は確信しています。

令和三年六月

篠浦伸禎

（参考文献）

『奇跡の脳』ジル・ボルトテイラー／新潮社

Sato et al., "The structural neural substrate of subjective happiness"
Scientific Reports 5, Article number: 16891 Published online: 20 November 2015

『脳から見た日本精神』篠浦伸禎／かざひの文庫

『発達障害を改善するメカニズムがわかった！』鈴木昭平、篠浦伸禎／コスモトゥーワン

『逆境をプラスに変える吉田松陰の究極脳』篠浦伸禎／かざひの文庫

『戦争好きな左脳アメリカ人、平和好きな右脳日本人』篠浦伸禎／かざひの文庫

『トヨタの脳の使い方』篠浦伸禎／きれいネット

『論語と算盤』渋沢栄一／角川ソフィア文庫

『雄気堂々』城山三郎／新潮文庫

『素読をすれば、国語力が上がる！』松田雄一／かざひの文庫

『渋沢栄一　算盤篇／論語篇』鹿島茂／文春文庫

参考文献

『渋沢栄一　近代の創造』山本七平／祥伝社
『渋沢栄一と陽明学』林田明大／ワニブックスＰＬＵＳ新書
『王陽明』安岡正篤／ＰＨＰ文庫
『小説　渋沢栄一』津本陽／幻冬舎文庫
『渋沢栄一』今井博昭／幻冬舎新書
『渋沢栄一　人生意気に感ず』童門冬二／ＰＨＰ文庫
『真説「陽明学」入門』林田明大／三五館
『量子力学で生命の謎を解く』ジム・アル＝カリーリ、ジョンジョー・マクファデン／ＳＢクリエイティブ
『本当の自分とつながる瞑想』山下良道／河出文庫
『どんな子も脳の「発達特性」に合わせるだけでグーンと伸びる』鈴木昭平、篠浦伸禎／コスモトゥーワン
『日本人に合ったがん医療を求めて』水上治／ケイオス出版

●著者プロフィール
1958年生まれ。東京大学医学部卒業後、富士脳障害研究所、東京大学医学部附属病院、茨城県立中央病院、都立荏原病院、国立国際医療センターにて脳神経外科医師として勤務。1992年、東京大学医学部の医学博士を取得。同年、シンシナティ大学分子生物学部に留学。帰国後、国立国際医療センターなどで脳神経外科医として勤務。2000年より都立駒込病院脳神経外科医長として活躍し、2009年より同病院脳神経外科部長。脳の覚醒下手術ではトップクラスの実績を誇る。2015年、『週刊現代』の記事「人として信頼できるがんの名医１００人」に脳領域で唯一選ばれるなど日本を代表する脳外科医師。『逆境をプラスに変える吉田松陰の究極脳』『戦争好きな左脳アメリカ人、平和好きな右脳日本人』『脳から見た日本精神』など著書多数。

論語脳《ろんごのう》と算盤脳《そろばんのう》
なぜ渋沢栄一《しぶさわえいいち》は道徳《どうとく》と経済《けいざい》を両立《りょうりつ》できたのか

篠浦伸禎《しのうらのぶさだ》 著

2021年8月2日　初版発行

発行者　磐﨑文彰

発行所　株式会社かざひの文庫
〒110-0002　東京都台東区上野桜木2-16-21
電話・FAX／03(6322)3231
e-mail:company@kazahinobunko.com
http://www.kazahinobunko.com

発売元　太陽出版
〒113-0033　東京都文京区本郷4-1-14
電話／03(3814)0471　FAX／03(3814)2366
e-mail:info@taiyoshuppan.net　http://www.taiyoshuppan.net

印刷・製本　モリモト印刷

装　丁　緒方 徹

イラスト　松田絵里香

ＤＴＰ　KM-Factory

ISBN978-4-86723-021-3